应用型高等教育财经类专业“十三五”规划教材

财务管理实训教程

（第二版）

桂玉娟　王梅斯　主　编
刘玉凤　副主编

上海财经大学出版社

图书在版编目(CIP)数据

财务管理实训教程/桂玉娟,王梅斯主编.—2版.—上海:上海财经大学出版社,2020.5

(应用型高等教育财经类专业"十三五"规划教材)

ISBN 978-7-5642-3458-4/F·3458

Ⅰ.①财… Ⅱ.①桂…②王… Ⅲ.①财务管理-高等学校-教材
Ⅳ.①F275

中国版本图书馆 CIP 数据核字(2020)第 022599 号

□ 责任编辑 徐 超
□ 联系信箱 1050102606@qq.com
□ 封面设计 张克瑶

财务管理实训教程
(第二版)
桂玉娟 王梅斯 主 编
刘玉凤 副主编

上海财经大学出版社出版发行
(上海市中山北一路 369 号 邮编 200083)
网 址:http://www.sufep.com
电子邮箱:webmaster @ sufep.com
全国新华书店经销
江苏启东人民印刷有限公司印刷装订
2020 年 5 月第 2 版 2024 年 8 月第 5 次印刷

787mm×1092mm 1/16 9.25 印张 237 千字
印数:12 001—13 000 定价:38.00 元

前言

随着我国进入新的发展阶段，产业升级和经济结构调整不断加快，各行各业对技术技能人才的需求越来越紧迫，实训课程在整个课程体系中的重要地位和作用越来越凸显，日益受到应用型本科高校重视。

本书将财务管理课程教学知识目标、技能目标与方法目标代入项目设计中，引导学生理论联系实际，积极拓展学生思维，提高其在特定条件下进行各项财务分析、财务预测、财务计划、财务决策等实践能力，实现应用型人才的培养目标。

本书的特点主要体现在以下两个方面：

第一，新，主要体现在实训内容和实训案例上。本书实训内容除案例实训外，还包括了方案实训及调研实训等。所选案例如苏宁收购家乐福、宝钢武钢并购、阿里巴巴美国上市、万达发行公司债券等均为近年具有影响力的案例，与财务管理实务紧密结合。

第二，实，主要体现在实训资料及实训设计上。本书从分项实训到综合实训，力求务实，将实务中的借款合同、还款计划、财务分析报告、融资计划、投资计划等引入实训中，设计针对性的实训任务，使学生在实践理论知识的同时，掌握财务管理相关文书的起草。

本书自 2016 年出版以来，深受全国众多高等院校师生及广大读者的认可和喜爱。本次修订在保持第一版基本体系和体例的基础上，考虑到财务管理理论发展、实务需求和财务管理实践教学特点，认真总结财务管理教学经验和企业财务管理实务经验，紧密围绕财务管理的重点、热点、难点问题，充分吸纳师生们的修改建议，对教材部分内容进行调整。

与第一版相比，第二版主要做了以下修订：

1. 在各项目实训目的及要求中，增加了实训要求与职业能力目标，将实训项目设计与实训要求、学生职业能力目标实现相关联。

2. 项目一和项目二更新了部分数据,修正了部分参考答案。

3. 项目三增加了财务战略实训。

4. 项目四更新了部分实训案例。

5. 项目五更新了部分数据,修正了部分参考答案。

6. 项目六、项目七、项目八进行了整章重编,在对实训知识要点进行系统梳理以及重新表述的基础上,更新了全部的实训案例。

7. 新增项目九财务管理拓展案例实训。

本书的参考答案和配套课件可在上海财经大学出版社网站 www. sufep. com 免费下载。

本书由湖北大学知行学院桂玉娟老师、王梅斯老师任主编,湖北商贸学院刘玉凤老师任副主编。各项目具体分工如下:项目一、项目二、项目三、项目四、项目五、项目九由桂玉娟编写,项目六、项目七、项目八由王梅斯编写。全书由桂玉娟总纂、修改并定稿。

本书是应用型高等教育财经类专业"十三五"规划教材,并配有相关课件资源,可作为普通高等院校特别是应用型本科院校会计学、财务管理、审计学等相关专业财务管理实训教学用书,或《财务管理学》教材配套用书,也可作为企业在职人员的参考用书。

本书在编写过程中参考了大量相关文献,在此对这些文献的作者表示感谢。由于编者的水平和时间有限,书中难免存在疏漏和不足之处,恳请各位读者批评指正,并将意见和建议及时反馈给我们,以便修订时完善。

编　者

2020 年 3 月

目　录

项目一　财务管理价值观念实训

一、实训目的及要求

（一）实训目的

通过本项目实训，使学生掌握财务管理的概念、基本内容，财务管理的目标，掌握理财环境对财务管理工作的影响，同时，使学生掌握货币时间价值的计算与分析，风险与报酬的基本原理、计算方法及其应用。

（二）实训要求

根据实训资料，学生从实际出发，站在决策者立场上，对企业进行相关调研，通过对知识点的理解与运用，能够起草初步的财务管理调研报告，进行货币时间价值、风险与报酬的初步决策，拓展学生独立分析问题、解决问题的能力以及表达能力、双向或多向思维能力，为以后的学习和工作打下坚实的基础。

本项目的实训要求与职业能力目标如表1.1所示。

表1.1　　**实训要求与职业能力目标**

实训项目	实训要求	职业能力目标
财务管理认知调研	1. 熟悉企业财务组织机构 2. 掌握企业财务管理目标 3. 分析企业理财环境	1. 沟通能力 2. 团队合作能力 3. 分析能力
货币时间价值观念	1. 掌握复利终值、现值概念 2. 掌握各类年金终值、现值概念 3. 能够运用年金知识进行相关决策	1. 理解能力 2. 计算分析能力 3. 决策判断能力
风险与报酬	1. 掌握风险与报酬概念 2. 分析项目中的风险与报酬 3. 能够进行风险决策	1. 理解能力 2. 计算分析能力 3. 决策判断能力

二、实训知识要点回顾

(一)财务管理概念及基本内容

1. 概念

财务管理是对公司财务进行的管理,是公司组织财务活动、处理财务关系的一项经济管理工作。

财务活动包括筹资活动、投资活动、资金营运活动和利润分配活动。

财务关系指企业在组织财务活动的过程中与有关各方发生的经济利益关系,如图 1.1 所示。

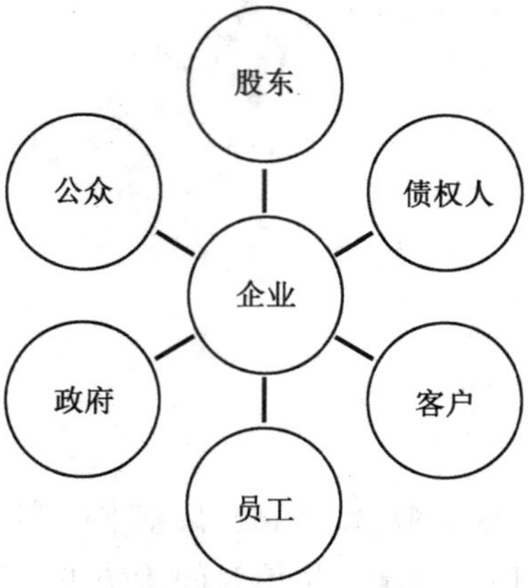

图 1.1 财务关系图

财务关系中最重要的是所有者(股东)、经营者、债权人之间的关系。

2. 财务管理目标

财务管理目标一般包括利润最大化、每股收益最大化、股东财富最大化和企业价值最大化等,不同财务管理目标的比较如表 1.2 所示。

表 1.2 财务管理目标比较

财务管理目标	衡量指标	优　点	缺　点
利润最大化	利润	1. 直观明确,易理解 2. 有利于企业资源的合理配置和经济效益的提高	1. 没有考虑利润和投入资本额的关系的 2. 没有考虑资金时间价值 3. 没有考虑风险因素 4. 可能导致企业短期行为
每股收益最大化	每股收益	考虑了投入与产出	1. 没有考虑资金时间价值 2. 没有考虑风险因素 3. 可能导致企业短期行为

续表

财务管理目标	衡量指标	优　点	缺　点
股东财富最大化	股东财富	1. 考虑了风险因素 2. 一定程度上能避免企业短期行为 3. 对上市公司而言，易量化，便于考核	1. 通常只适用于上市公司 2. 股价受众多因素影响 3. 强调股东利益，而对其他相关者的利益重视不够
企业价值最大化	企业价值	1. 考虑了时间价值 2. 考虑了风险因素 3. 能克服企业短期行为	1. 企业的价值过于理论化，不易操作 2. 对非上市公司难以客观评估价值

其中，主流观点是股东财富最大化和企业价值最大化。

3. 财务管理环节

财务管理环节包括财务预测、财务决策、财务预算、财务控制和财务分析。其中财务决策是企业财务管理的核心，直接关系到企业的兴衰成败。

4. 财务管理环境

财务管理环境又称理财环境，是指对企业财务活动产生影响作用的企业外部条件。主要包括：法律环境、经济环境和金融环境等。通过环境分析，可提高企业财务行为对环境的适应力、应变力，从而更好地实现企业财务管理目标。

(二)货币时间价值

1. 概念

货币时间价值是货币经历一定时间的投资和再投资所增加的价值。

(1)一定量的货币资金在不同时点上具有不同的价值。

(2)并不是所有的货币都具有时间价值。

(3)货币时间价值不考虑通货膨胀和风险因素。

2. 复利

复利：本生息，息生息，俗称“利滚利”。

复利终值是指当前一笔资金在若干期后的价值。

复利现值是指未来年份收到支付的现金在当前的价值。

表 1.3 对复利终值与现值进行了归纳。

表 1.3　　复利终值与现值

	计算公式	系数公式	系数符号	要　点
复利终值	$F=P\times(1+i)^n$	$(1+i)^n$	$(F/P,i,n)$	一次性款项，未来值
复利现值	$P=F\times(1+i)^{-n}$	$(1+i)^{-n}$	$(P/F,i,n)$	一次性款项，当前值

3. 年金

年金是指一定时期内每期相等的收付款项。年金与复利终值或现值的区别在于:年金是连续发生的等额收付款项;复利终值或现值是一次性的收付款项。

年金包括以下四类:普通年金、先付年金、递延年金和永续年金,如表 1.4 所示。

表 1.4　年金终值与现值

项　目	公　式	要　点
普通年金终值	$F=A\times\frac{(1+i)^n-1}{i}$ $=A\times(F/A,i,n)$	1. 款项发生在每期期末 2. 年金终值等于若干复利终值之和
普通年金现值	$F=A\times\frac{1-(1+i)^{-n}}{i}$ $=A\times(P/A,i,n)$	1. 款项发生在每期期末 2. 年金现值等于若干复利现值之和
先付年金终值	$F=A\times(F/A,i,n)\times(1+i)$ $=A\times[(F/A,i,n+1)-1]$	1. 款项发生在每期期初 2. 期数加 1,系数减 1
先付年金现值	$P=A\times(P/A,i,n)\times(1+i)$ $=A\times[(P/A,i,n-1)+1]$	1. 款项发生在每期期初 2. 期数减 1,系数加 1
递延年金现值	$P=A\times(P/A,i,n)\times(1+i)^{-m}$ $=A\times[(P/A,i,m+n)-(P/A,i,n)]$	1. 前几期无年金 2. 递延期不影响终值,只影响现值
永续年金现值	$P=A/i$	1. 计息期趋于无穷 2. 永续年金终值无意义

(三)风险与报酬

1. 概念

风险是指事件结果的不确定性,具有客观性和普遍性。风险的不确定性使得风险不仅可以带来预期的损失,还带来预期的收益。

2. 分类

企业面临的风险按其是否可以分散,分为可分散风险(公司特有风险)和不可分散风险(系统风险、市场风险),如图 1.2 所示。

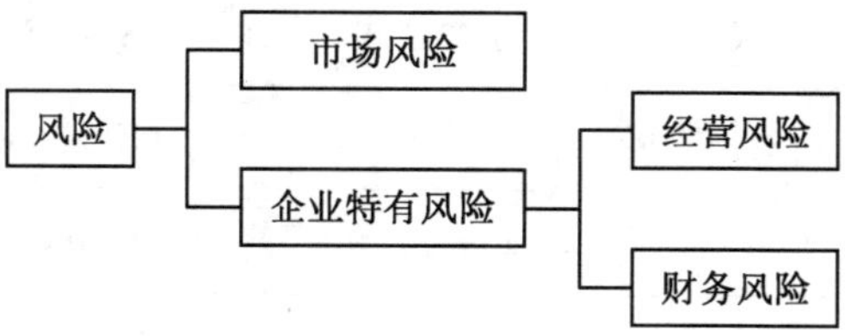

图 1.2　风险分类

3. 单项资产的风险与报酬

(1)确定概率分布

概率是用来反映随机事件发生可能性或出现某种结果可能性大小的数值。它一般用百分数或小数来表示，且数值大小在 0～1 之间波动。

(2)计算期望值

期望值是一个概率分布中的所有可能结果以其概率为权数进行加权平均的加权平均数，反映事件的集中趋势。

$$\overline{R}=\sum_{i=1}^{n}R_i\cdot P_i$$

(3)计算标准差

标准差是各种可能的收益(或收益率)与期望收益(或收益率)的偏离程度，是用来衡量风险大小的一种统计指标。

$$\text{标准差}\ \sigma=\sqrt{\sum_{i=1}^{n}(\text{随机变量}\ X_i-\text{期望值}\ \overline{E})^2\times P_i}$$

标准差是一个绝对数，只有在期望值相等的条件下，才能直接用来衡量和比较风险的大小。标准差的大小，可看作是投资风险大小的具体标志。在期望值相同的情况下，标准差越大，风险越大。

(4)计算标准离差率

标准离差率(又称离散系数、变异系数)是标准差与期望值的比值，通常用符号 CV 表示。

$$\text{标准离差率}\ CV=\frac{\text{标准差}\ \sigma}{\text{期望值}\ \overline{R}}$$

标准离差率是一个相对数，反映每单位期望收益对应的风险，可用来比较期望值不同的风险程度。期望值不同情况下，标准离差率越大，风险就越大。

(5)计算风险报酬率

$$\text{风险报酬率}=\text{风险报酬系数}\times\text{标准离差率}$$

4. 证券组合的风险与报酬

(1)证券组合的报酬

证券组合的期望报酬，是组合中单项证券期望报酬的加权平均数，权重为整个组合中投入各项证券的资金占总投资的比重。

$$\overline{R}_P=\sum_{i=1}^{n}w_i\overline{R}_i$$

(2)证券组合的风险

证券组合可以分散公司特有风险，但不能分散市场风险。

市场风险程度通常用 β 系数衡量。

$$\beta=\frac{\text{某种证券的风险报酬率}}{\text{证券市场上所有证券平均的风险报酬率}}$$

β 系数的判定如表 1.5 所示。

表 1.5　　**β 系数与风险程度**

β 系数数值	股票风险	股票风险报酬率
等于 1	与市场风险程度相等	与市场平均风险报酬率相等
大于 1	大于市场风险程度	大于市场平均风险报酬率
小于 1	小于市场风险程度	小于市场平均风险报酬率

证券组合的 β 系数，是单个证券 β 系数的加权平均，权数为各种股票在证券组合中所占的比重。

$$\beta_P = \sum_{i=1}^{n} w_i \beta_i$$

(3)证券组合的风险报酬

证券组合投资要求补偿的风险是市场风险(不可分散风险)，而不要求对公司特有风险(可分散风险)进行补偿。

证券组合风险报酬率通过证券组合 β 系数与市场平均风险报酬率衡量。

证券组合风险报酬率 R_p ＝证券组合 β_p ×市场平均风险报酬率

＝证券组合 β_p ×(市场平均报酬率 R_m －无风险报酬率 R_F)

(4)资本资产定价模型

不考虑通货膨胀情况下，无风险报酬率就是资金的时间价值。超过资金时间价值的额外报酬率称为风险报酬率。

风险报酬率与风险的大小有关，一般来说风险越大，要求的风险报酬率就会越高，如图 1.3 所示。

预期报酬率 R_i ＝无风险报酬率＋风险报酬率

＝无风险报酬率 R_F ＋β_i(市场平均报酬率 R_m －无风险报酬率 R_F)

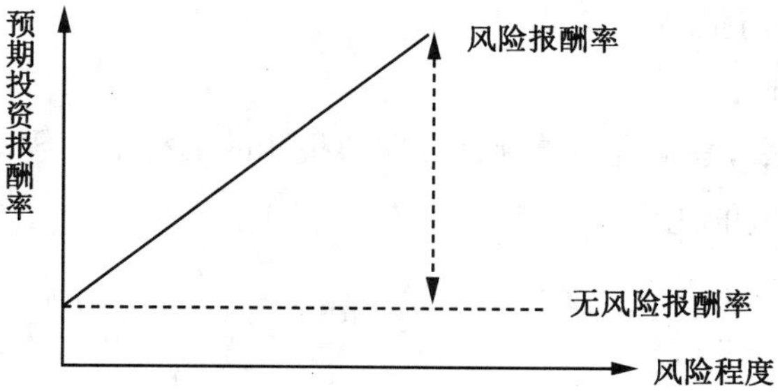

图 1.3　预期投资报酬率

三、财务管理认知调研实训

学生按 5～8 人为一组，每组负责联系一家企业，对企业的财务管理情况进行调研。调研内容为四个部分：

1. 企业基本情况，包括企业名称、性质、注册资本、法人代表、经营范围等；
2. 财务部门基本情况，包括机构设置、人员配备、岗位职责等；
3. 企业的财务管理目标；
4. 当前理财环境对企业财务活动的影响。

将上述调研内容填列至调研报告中，不少于500字。

________企业财务管理情况调研报告

调研时间：

调研地点：

一、企业基本情况

二、财务部门基本情况

1. 机构设置

2. 人员配备

3. 岗位职责

三、企业的财务管理目标

四、当前理财环境对企业财务活动的影响

调研组成员签名：

四、货币时间价值实训

(一)复利终值与现值实训

【实训资料】

李喜来有一笔 10 万元存款于 2×19 年 12 月 31 日到期。由于未来三年这笔钱不会动用，为避免资金闲置，打算进行投资，现有以下四种方案：

方案一：于 2×20 年 1 月 1 日将 10 万元一次性存银行定期存款，存期一年，每年到期后本利和续存，连续存三年；

方案二：于 2×20 年 1 月 1 日将 10 万元一次性存银行定期存款，存期三年；

方案三：于 2×20 年 1 月 1 日购买价值 25 万元的房产，将 10 万元作为首付，商业贷款 15 万元，贷款期限三年，到期一次还本付息，复利计息，预计三年后该房产市场价值为 28 万元；

方案四：于 2×20 年 1 月 1 日购买价值 25 万元的房产，将 10 万元作为首付，住房公积金贷款 15 万元，贷款期限三年，到期一次还本付息，复利计息，预计三年后该房产市场价值为 28 万元。

2×20 年 1 月 1 日央行存款、贷款基准利率如表 1.6 所示。

表 1.6　　2×20 年 1 月 1 日央行存款、贷款基准利率

项　目	基准利率(%)
一、城乡居民和单位存款	
(一)活期存款	0.35
(二)整存整取定期存款	
三个月	1.10
半　年	1.30
一　年	1.50
二　年	2.10
三　年	2.75
二、各项贷款	
一年以内(含一年)	4.35
一至五年(含五年)	4.75
五年以上	4.9
三、个人住房公积金贷款	
五年以下(含五年)	2.75
五年以上	3.25

【实训任务】

计算四种方案三年后的本利和，为李喜来选择最优投资方案。

（二）普通年金实训

【实训资料】

王小喜是顺达公司的员工，税后年薪 80 000 元，工资收入较稳定，未来不会大幅增长。由于要结婚，正准备购买一套住房，准备向银行贷款 30 万元，贷款期限 5 年，不打算提前还款。银行给他开出以下贷款条件：

1. 银行贷款年利率为 5%；
2. 还款时间为每年年末还款；
3. 贷款以房屋的产权作为抵押；
4. 还款方式可为等额本息还款，也可为等额本金还款。

【实训任务】

1. 分别计算两种还款方式下每期还款金额、还款本金、利息及剩余本金，填入表 1.7 和表 1.8 中，为王小喜制定还款计划。

表 1.7　　等额本息还款计划　　单位：元

还款年份	还款数额	还款本金	还款利息	剩余本金
第一年				
第二年				
第三年				
第四年				
第五年				
合　计				

表 1.8　　等额本金还款计划　　单位：元

还款年份	还款数额	还款本金	还款利息	剩余本金
第一年				
第二年				
第三年				
第四年				
第五年				
合　计				

2. 分析两种还款方式的优缺点，为王小喜选择还款方式。

（三）普通年金及先付年金实训

【实训资料】

于小木身体健康，工资收入长期稳定。

2×20 年 1 月 1 日是他 30 周岁生日，他打算从 2×20 年起于每年年末支付一定数额的现金，购买一份养老保险，连续交 30 年，以便在他 60 周岁退休后连续 20 年每年年末能从保险公司取得 10 000 元的退休金。

假设年利率为固定利率 6%。

【实训任务】

你是于小木的私人理财顾问，他向你咨询以下问题：

1. 于小木退休后可取得的退休金合计及这些退休金在退休日的现值。

2. 于小木退休前，每年年末应支付的养老保险金数额和截至于小木退休日他所支付的养老保险金合计。

3. 假定于小木打算将退休前每年支付的养老保险金由年末支付改为由年初支付，则每年的支付数额是多少？

（四）年金综合实训

【实训资料】

林三元是计算机领域的专家，现居住地为武汉。最近接受一家长沙公司的邀请，打算去做公司的技术顾问，指导公司软件开发。

公司给他开出的待遇是希望他到公司担任顾问工作 5 年，每年顾问费用 15 万元，并且提供价值 30 万元的住房一套。但是因为林三元在长沙已经拥有一套住房，所以他将面临三种选择：

方案一：接受公司住房，可将住房出售，扣除相关税费后，他可以得到 28 万元现金；

方案二：在 5 年工作期间，公司每年年初向他支付 6 万元的住房补贴；

方案三：在为公司连续工作 2 年后，从第 3 年年末起，公司每年年末向他支付 10 万元的住房补贴，连续支付 3 年。

假定银行存款利率 3%。

【实训任务】

请计算三种方案的现值，为林三元选择最优方案。

五、风险与报酬实训

【实训资料】

大成公司地处北方，于 2×20 年陷入经营困境，原有柠檬饮料因市场竞争激烈、消费者喜好发生变化等原因开始滞销。

为改变产品结构，开拓新的市场领域，大成公司拟开发以下两种新产品。

1. 纯净水

面对全国范围内的节水运动及供应限制，尤其是北方十年九旱的特殊环境，开发部认为纯净水将进入百姓的日常生活，市场前景看好，有关市场预测资料如表 1.9 所示。据专家测算该项目的风险报酬系数为 0.5。

表 1.9　纯净水市场预测

市场销路	概率(%)	预计年净收益(万元)
好	60	150
一般	20	60
差	20	−10

2. 啤酒

北方气候干燥，且近年来气温大幅度升高；随着人均收入增长，生活水平日益提高。据此开发部提出开发啤酒方案，有关市场预测资料如表 1.10 所示。据专家测算该项目的风险报酬系数为 0.6。

表 1.10　啤酒市场预测

市场销路	概率(%)	预计年净收益(万元)
好	50	180
一般	20	85
差	30	−25

【实训任务】

1. 对两种产品开发方案的收益与风险予以计量。

2. 对两种产品开发方案进行评价。

3. 风险的类别如何划分？如何衡量风险？风险与报酬有什么关系？

六、财务管理价值观念综合实训

(一)财务管理目标案例分析实训

【实训资料】

雷曼兄弟破产案

2008年9月15日，拥有158年悠久历史的美国第四大投资银行——雷曼兄弟(Lehman Brothers)公司正式申请依据以重建为前提的《美国联邦破产法》第11章所规定的程序破产，即所谓破产保护。雷曼兄弟公司，作为曾经在美国金融界叱咤风云的巨人，在此次爆发的金融危机中也无奈破产，这不仅与过度的金融创新和乏力的金融监管等外部环境有关，也与雷曼公司本身的财务管理目标有着某种内在的联系。

雷曼兄弟公司正式成立于1850年，在成立初期，公司主要从事利润比较丰厚的棉花等商品的贸易，公司性质为家族企业，且规模相对较小，其财务管理目标自然是利润最大化。在雷曼兄弟公司从经营干洗、兼营小件寄存的小店逐渐转型为金融投资公司的同时，公司的性质也从一个地道的家族企业逐渐成长为在美国乃至世界都名声显赫的上市公司。由于公司性质的变化，其财务管理目标也随之由利润最大化转变为股东财富最大化。

在利润最大化的财务管理目标指引之下，雷曼兄弟公司开始转型经营美国当时最有利可图的大宗商品期货交易，其后，公司又开始涉足股票承销、证券交易、金融投资等业务。1899年至1906年的七年间，雷曼兄弟公司从一个金融门外汉成长为纽约当时最有影响力的股票承销商之一。其每一次业务转型都是资本追逐利润的结果，然而，由于公司在过度追求利润的同时忽视了对经营风险的控制，从而最终为其破产埋下了伏笔。

股东财富最大化认为，股东是企业的所有者，其创办企业的目的是扩大财富，因此企业的发展理所当然应该追求股东财富最大化。在股份制经济条件下，股东财富由其所拥有的股票数量和股票市场价格两方面决定，而在股票数量一定的前提下，股东财富最大化就表现为股票价格最高化，即当股票价格达到最高时，股东财富达到最大。为了使本公司的股票在一个比较高的价位上运行，雷曼兄弟公司自 2000 年始连续七年将公司税后利润的 92%用于购买自己的股票，此举虽然对抬高公司的股价有所帮助，但同时也减少了公司的现金持有量，降低了其应对风险的能力。另外，将税后利润的 92%全部用于购买自己公司而不是其他公司的股票，无疑是选择了“把鸡蛋放在同一个篮子里”的投资决策，不利于分散公司的投资风险；过多关注公司股价短期的涨和跌，也必将使公司在实务经营上的精力投入不足，经营重心发生偏移，使股价失去高位运行的经济基础。因此，因股东财富最大化过多关注股价而使公司偏离了经营重心是雷曼兄弟公司破产的推进剂。

雷曼兄弟公司自 1984 年上市以来，公司的所有权和经营权实现了分离，所有者与经营者之间形成委托代理关系。同时，在公司中形成了股东阶层(所有者)与职业经理阶层(经营者)。股东委托职业经理人代为经营企业，其财务管理目标是为了达到股东财富最大化，并通过会计报表获取相关信息，了解受托者的受托责任履行情况以及理财目标的实现程度。上市之后的雷曼兄弟公司，实现了 14 年连续盈利的显著经营业绩和 10 年间高达 1 103%的股东回报率。然而，现代企业是多种契约关系的集合体，不仅包括股东，还包括债权人、经理层、职工、顾客、政府等利益主体。股东财富最大化片面强调了股东利益的至上性，而忽视了其他利益相关者的利益，导致雷曼兄弟公司内部各利益主体的矛盾冲突频繁爆发，公司员工的积极性不高，虽然其员工持股比例高达 37%，但主人翁意识淡薄。另外，雷曼兄弟公司选择股东财富最大化，导致公司过多关注股东利益，而忽视了一些公司应该承担的社会责任，加剧了其与社会之间的矛盾，也是雷曼兄弟破产的原因之一。

股东财富最大化是通过财务上的合理经营，为股东带来最多的财富。当雷曼兄弟公司选择股东财富最大化为其财务管理目标之后，公司迅速从一个名不见经传的小店发展成闻名于世界的华尔街金融巨头，但同时，由于股东财富最大化的财务管理目标利益主体单一(仅强调了股东的利益)、适用范围狭窄(仅适用于上市公司)、目标导向错位(仅关注现实的股价)等原因，雷曼兄弟公司最终也无法在此次百年一遇的金融危机中幸免于难。

【实训任务】

请评价雷曼兄弟公司财务管理目标与其破产的关联性。

(二)风险报酬认知实训

【实训资料】

假设你有 10 000 元存款,打算进行一项短期投资,市场投资机会如下:

1. 银行定期存款,一年存款利率为 1.5%;
2. 余额宝,年化收益率为 2.67%;
3. 股票投资,年化收益率 10%;
4. P2P 投资,年化收益率 15%。

【实训任务】

谈谈你对投资项目的选择,及对其风险与报酬的认识。

项目二　财务分析实训

一、实训目的及要求

(一)实训目的

通过本项目实训,使学生理解财务分析的概念和意义,掌握财务分析的基本方法和内容,使学生能够根据财务报表相关数据进行偿债能力、营运能力、盈利能力、发展能力等财务指标的分析,评估公司财务状况、经营成果及现金流量,并熟练运用杜邦财务分析体系进行财务综合分析。

(二)实训要求

引导学生归纳总结各种财务分析方法、财务指标分析的内涵及各自在应用中须注意的问题。在此基础上,能够灵活运用这些方法和指标进行财务分析。通过定量计算和定性分析,提高学生今后理财过程中分析问题、解决问题的能力。

本项目的实训要求与职业能力目标如表 2.1 所示。

表 2.1　　实训要求与职业能力目标

实训项目	实训要求	职业能力目标
偿债能力分析实训	1. 掌握偿债能力指标 2. 能够运用相关财务指标分析企业偿债能力	1. 理解能力 2. 数据计算分析能力 3. 职业判断能力
盈利能力分析实训	1. 掌握盈利能力指标 2. 能够运用相关财务指标分析企业盈利能力	1. 理解能力 2. 数据计算分析能力 3. 职业判断能力

续表

实训项目	实训要求	职业能力目标
营运能力分析实训	1. 掌握营运能力指标 2. 能够运用相关财务指标分析企业营运能力	1. 理解能力 2. 数据计算分析能力 3. 职业判断能力
发展能力分析实训	1. 掌握发展能力指标 2. 能够运用相关财务指标分析企业发展能力	1. 理解能力 2. 数据计算分析能力 3. 职业判断能力

二、实训知识要点回顾

(一)财务分析基本方法

1. 比较分析法

比较分析法分为纵向比较分析法和横向比较分析法。

(1)纵向比较分析法:同一企业连续若干期的财务状况、经营成果进行比较,确定其增减变动的方向、数额和幅度,以此揭示企业财务状况和经营成果的发展变化趋势。

(2)横向比较分析法:将本企业的财务状况与其他企业的同期财务状况进行比较,确定其存在的差异及程度,以此揭示企业财务状况中存在的问题。

2. 比率分析法

比率分析法是利用财务报表中两项相关数值的比率揭示企业财务状况和经营成果的一种分析方法。主要有以下三种:

(1)构成比率。又称结构比率,是某个经济指标的各个组成部分与总体的比率,反映部分与总体的关系。

(2)效率比率。是某项经济活动中所费与所得的比率,反映投入与产出的关系。利用效率比率指标,可以进行得失比较,考察经营成果,评价经济效益。

(3)相关比率。根据经济活动客观存在的相互依存关系,以某个项目和与其有关但又不同的项目加以对比所得的比率,反映有关经济活动的相互关系。

3. 因素分析法

因素分析法也称因素替换法、连环替代法,是用来确定几个相互联系的因素对分析对象(综合财务指标或经济指标)的影响程度的一种分析方法。

(二)财务比率

主要财务比率如表 2.2 所示。

表 2.2 **主要财务比率汇总**

财务能力	财务指标	计算公式	指标意义
短期偿债能力	流动比率	$\frac{流动资产}{流动负债}$	流动资产对流动负债的保障
	速动比率	$\frac{速动资产}{流动负债}$	速动资产对流动负债的保障
	现金比率	$\frac{现金资产}{流动负债}$	现金资产对流动负债的保障
长期偿债能力	资产负债率	$\frac{负债总额}{资产总额}\times 100\%$	负债在资产总额中的比重
	股东权益比率	$\frac{股东权益总额}{资产总额}\times 100\%$	所有者投入在资产中的比重
	产权比率	$\frac{负债总额}{股东权益总额}$	股东权益对负债的保障程度
	利息保障倍数	$\frac{息税前利润}{利息费用}$	企业经营所得支付利息的能力
营运能力分析	应收账款周转率	$\frac{赊销收入净额}{应收账款平均余额}$	应收账款的周转速度
	存货周转率	$\frac{营业成本}{存货平均余额}$	一定时期企业存货周转的次数
	流动资产周转率	$\frac{营业收入}{固定资产平均净值}$	企业全部流动资产的利用效率
	固定资产周转率	$\frac{营业收入}{固定资产平均净值}$	企业固定资产的利用效率
	总资产周转率	$\frac{营业收入}{资产平均总额}$	企业全部资产的使用效率
盈利能力分析	资产报酬率	$\frac{息税前利润}{资产平均总额}\times 100\%$	企业利用全部经济资源获取报酬能力
	股东权益报酬率	$\frac{净利润}{股东权益平均总额}\times 100\%$	企业股东获取投资报酬的能力
	销售净利率	$\frac{净利润}{营业收入净额}\times 100\%$	企业商品盈利能力
	资产净利率	$\frac{净利润}{资产平均总额}\times 100\%$	企业资产盈利能力
	每股收益	$\frac{净利润-优先股股利}{发行在外普通股股数}$	企业为股东获取利润的能力
	每股净资产	$\frac{股东权益总额}{发行在外普通股股数}$	每股股票代表的公司净资产价值
	市盈率	$\frac{每股市价}{每股收益}$	反映市场对股票的投资预期
	市净率	$\frac{每股市价}{每股净资产}$	反映每股股票投入与股票内在价值的关系

续表

财务能力	财务指标	计算公式	指标意义
发展能力分析	销售增长率	$\frac{\text{本年营业收入增长额}}{\text{上年营业收入总额}}\times 100\%$	企业经营增长的能力
	资产增长率	$\frac{\text{本年总资产增长额}}{\text{年初资产总额}}\times 100\%$	企业资产增长的能力
	资本积累率	$\frac{\text{本年股东权益增长额}}{\text{年初股东权益总额}}\times 100\%$	企业资本增长的能力
	净利润增长率	$\frac{\text{本年利润总额增长额}}{\text{上年利润总额}}\times 100\%$	企业净利润增长的能力

(三)杜邦财务分析方法

杜邦分析法以净资产收益率为核心指标,系统地将偿债能力、营运能力、盈利能力有机结合起来,可以全面揭示企业的财务状况以及财务状况这个系统内部各因素之间的关系。各主要财务比率之间的联系如杜邦分析图 2.1 所示。

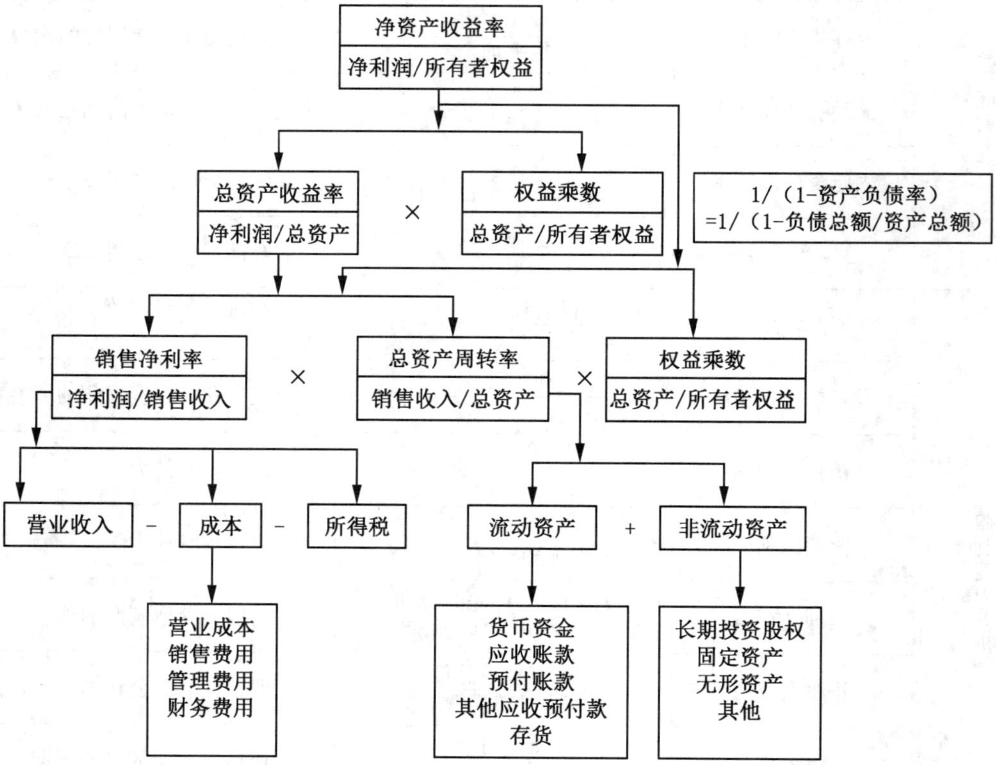

图 2.1 杜邦分析图

杜邦分析法的核心指标:

净资产收益率=总资产收益率×权益乘数

=销售净利率×总资产周转率×权益乘数

其中：权益乘数＝总资产÷所有者权益

＝1＋产权比率

＝1/(1－资产负债率)

三、偿债能力分析实训

【实训资料】

1. 公司简介

五粮液集团有限公司前身是20世纪50年代初8家古传酿酒作坊联合组建而成的“中国专卖公司四川省宜宾酒厂”，1959年正式命名为“宜宾五粮液酒厂”，1998年改制为“四川省宜宾五粮液集团有限公司”。

公司的成名产品“五粮液酒”是浓香型白酒的杰出代表。五粮液酒四次蝉联“国家名酒”称号；四度荣获国家优质产品金质奖章；其商标“五粮液”1991年被评为首届中国“十大驰名商标”；子品牌“五粮春”2008年被评为中国驰名商标，“五粮醇”2009年被评为中国驰名商标。2009年，五粮液被评为中国商标注册百强单位、中国最具影响力驰名商标、中国最佳地理标志产品。“2013(第19届)中国100品牌价值榜”在法国巴黎公布，海尔、国美、五粮液三大品牌以绝对优势继续占据品牌前三名。五粮液品牌价值再创新高，以701.58亿元连续19年稳居该榜单食品行业第一。

公司已具备年酿造五粮液及其系列酒40多万吨的生产能力，以及年包装各类成品酒40多万吨的配套生产能力。系统研制开发了永福酱酒、六和液、五粮春、五粮神、五粮醇、长三角、两湖春、现代人、金六福、浏阳河、老作坊、京酒等几十种不同档次、不同口味，满足不同区域、不同文化背景、不同层次消费者需求的系列产品。

2. 2×12年至2×14年五粮液财务报表

五粮液公司2×12年至2×14年财务报表如表2.3至表2.7所示。

表2.3　　五粮液2×12～2×14年年末资产负债表　　单位：元

项　目	2×14年12月31日	2×13年12月31日	2×12年12月31日
流动资产：			
货币资金	22 382 106 584.48	25 763 495 274.95	27 845 507 237.17
交易性金融资产	—	—	18 995 628.80
应收票据	7 369 422 899.46	3 625 484 719.41	2 594 222 586.93
应收账款	122 947 745.88	75 473 277.19	80 997 122.24
预付款项	298 155 704.17	213 651 778.22	258 719 181.60
其他应收款	235 959 267.85	378 529 059.81	443 867 968.04
存货	8 091 488 733.56	6 885 585 995.39	6 680 023 737.32
一年内到期的非流动资产	—	—	—
其他流动资产	—	—	—

续表

项　目	2×14 年 12 月 31 日	2×13 年 12 月 31 日	2×12 年 12 月 31 日
流动资产合计	38 500 080 935.40	36 942 220 104.97	37 922 333 462.10
非流动资产：			
其他债权投资	1 200 000.00	1 200 000.00	
债权投资	—	—	—
长期股权投资	867 864 898.54	119 377 356.50	120 351 122.77
投资性房地产	—	—	—
固定资产	5 676 482 317.65	5 905 186 204.06	5 497 236 500.98
在建工程	384 533 672.73	224 849 689.76	856 454 128.84
无形资产	421 573 592.34	293 642 157.84	289 762 684.53
商誉	1 621 619.53	1 621 619.53	1 621 619.53
长期待摊费用	52 451 701.80	62 472 496.58	74 221 410.43
递延所得税资产	503 061 914.86	578 932 509.06	485 655 212.66
其他非流动资产			
非流动资产合计	7 908 789 717.45	7 187 282 033.33	7 325 302 679.74
资产总计	46 408 870 652.85	44 129 502 138.30	45 247 636 141.84
流动负债：			
短期借款			
应付票据	85 449 379.48	52 577 851.10	
应付账款	647 043 070.00	583 987 991.93	730 530 919.90
预收款项	858 110 981.89	824 725 426.75	6 467 422 141.71
应付职工薪酬	2 272 260 762.63	2 329 068 193.83	1 971 327 322.39
应交税费	1 097 979 258.65	2 194 188 016.66	2 780 243 294.14
其他应付款	964 097 340.10	1 058 057 337.88	1 717 452 635.38
一年内到期的非流动负债	—	—	—
其他流动负债	—	—	—
流动负债合计	5 924 940 792.75	7 042 604 818.15	13 666 976 313.52
非流动负债：			
长期借款	—	—	—
应付债券	—	—	—
长期应付款	1 000 000.00	1 000 000.00	1 000 000.00
长期应付职工薪酬	4 591 646.00	—	—
专项应付款	—	—	—

续表

项 目	2×14 年 12 月 31 日	2×13 年 12 月 31 日	2×12 年 12 月 31 日
预计负债	—	—	—
递延收益	145 257 768.02	66 612 768.06	—
递延所得税负债	—	—	1 731 506.96
其他非流动负债	—	—	56 857 768.06
非流动负债合计	**150 849 414.02**	**67 612 768.06**	**59 589 275.02**
负债合计	**6 075 790 206.77**	**7 110 217 586.21**	**13 726 565 588.54**
所有者权益:			
股本	3 795 966 720.00	3 795 966 720.00	3 795 966 720.00
资本公积	953 203 468.32	953 203 468.32	953 203 468.32
盈余公积	7 070 005 102.93	5 678 791 405.48	4 356 977 349.02
未分配利润	27 611 203 050.69	25 664 678 173.20	22 050 450 622.42
归属于母公司所有者权益合计	39 430 378 341.94	36 092 639 767.00	31 156 598 159.76
少数股东权益	902 702 104.14	926 644 785.09	364 472 393.54
所有者权益合计	**40 333 080 446.08**	**37 019 284 552.09**	**31 521 070 553.30**
负债和所有者权益总计	**46 408 870 652.85**	**44 129 502 138.30**	**45 247 636 141.84**

注:以上数据均来自五粮液公司 2×12 年至 2×14 年年报。

表 2.4 **五粮液 2×12～2×14 年利润表** 单位:元

项 目	2×14 年	2×13 年	2×12 年
一、营业总收入	21 011 491 536.14	24 718 588 617.99	27 201 045 951.34
其中:营业收入	21 011 491 536.14	24 718 588 617.99	27 201 045 951.34
二、营业总成本	12 993 577 702.66	13 283 383 589.25	13 502 689 947.56
其中:营业成本	5 772 029 404.03	6 610 410 852.24	8 015 724 440.85
税金及附加	1 517 236 398.19	1 849 030 035.48	2 005 704 155.21
销售费用	4 308 897 447.57	3 382 176 991.35	2 258 966 257.29
管理费用	2 047 028 546.72	2 263 637 925.03	2 009 184 257.85
财务费用	−657 775 551.17	−826 879 677.56	−789 586 016.60
资产减值损失	6 161 457.32	5 007 462.71	2 696 852.96
加:公允价值变动收益(损失以“—”号填列)		−7 070 987.60	772 066.24
投资收益(损失以“—”号填列)	14 487 542.04	4 298 863.95	3 007 200.68
其中:对联营企业和合营企业的投资收益	14 487 542.04	566 442.73	−396 769.54

续表

项　目	2×14年	2×13年	2×12年
汇兑收益(损失以"—"号填列)			
三、营业利润(亏损以"—"号填列)	8 032 401 375.52	11 432 432 905.09	13 702 135 270.70
加:营业外收入	59 944 583.86	65 895 607.94	64 928 850.34
其中:非流动资产处置利得	8 567 584.18	742 554.46	
减:营业外支出	76 429 810.82	251 249 096.43	28 397 993.76
其中:非流动资产处置损失	28 862 690.41	2 654 845.78	1 400 254.25
四、利润总额(亏损以"—"号填列)	8 015 916 148.56	11 247 079 416.60	13 738 666 127.28
减:所得税费用	1 957 701 185.49	2 924 864 055.65	3 402 932 422.50
五、净利润(净亏损以"—"号填列)	6 058 214 963.07	8 322 215 360.95	10 335 733 704.78

注:以上数据均来自五粮液公司2×12年至2×14年年报。

表2.5　　五粮液2×12～2×14年股份情况　　单位:股

项　目	2×14年	2×13年	2×12年
一、有限售股份	345 681	376 640	425 118
二、人民币普通股	3 795 621 039	3 795 590 080	3 795 541 602
三、股份总数	3 795 966 720	3 795 966 720	3 795 966 720

注:以上数据均来自五粮液公司2×12年至2×14年年报。

表2.6　　五粮液2×12～2×14年年末股票市价情况　　单位:元

	2×14年12月31日	2×13年12月31日	2×12年12月31日
开盘价	18.16	16.70	26.87
收盘价	21.50	15.66	28.23

注:以上数据均来自东方财富网。

表2.7　　同行业公司2×14年相关财务指标数据

	贵州茅台	山西汾酒
流动比率	4.51	2.06
速动比率	3.09	1.03
资产负债率(%)	16.03	31.98
应收账款周转率(次)	12 066.35	3 188.72
存货周转率(次)	0.17	0.68
总资产周转率(次)	0.52	0.68

续表

	贵州茅台	山西汾酒
销售净利率(%)	48.62	9.08
净资产收益率(%)	28.73	9.14
每股收益(元)	13.44	0.41

注:以上数据均来自贵州茅台公司及山西汾酒公司2×14年年报计算所得。

【实训任务】

根据上述实训案例给出的资料,完成以下实训任务:

1. 计算五粮液公司2×12、2×13、2×14年年末的流动比率、速动比率、资产负债率及其增长额、增长率情况,将相关数值填列至表2.8和表2.9中。

表2.8　　偿债能力指标分析表

	2×12年	2×13年	2×14年
流动比率			
速动比率			
资产负债率			

表2.9　　偿债能力比较分析表

	2×13年 增长额	2×13年 增长率	2×14年 增长额	2×14年 增长率
流动比率				
速动比率				
资产负债率				

2. 根据上述数据及同行业公司相关财务数据,分析五粮液公司的偿债能力。

四、营运能力分析实训

【实训资料】

公司资料同上,财务数据资料见表2.3至表2.7。

【实训任务】

根据上述实训案例给出的资料,完成以下实训任务:

1. 计算五粮液公司 2×12、2×13、2×14 年的应收账款周转率、存货周转率、流动资产周转率、固定资产周转率、总资产周转率及其增长额、增长率情况，将相关数值填列至表 2.10 和表 2.11 中。

表 2.10 **营运能力指标分析表** 单位:次

	2×12 年	2×13 年	2×14 年
应收账款周转率			
存货周转率			
流动资产周转率			
固定资产周转率			
资产周转率			

表 2.11 **营运能力比较分析表**

	2×13 年 增长额	2×13 年 增长率	2×14 年 增长额	2×14 年 增长率
应收账款周转率				
存货周转率				
流动资产周转率				
固定资产周转率				
资产周转率				

2. 根据上述数据及同行业公司相关财务数据，分析五粮液公司的营运能力。

五、盈利能力分析实训

【实训资料】

公司资料同上，财务数据资料见表 2.3 至表 2.7。

【实训任务】

根据上述实训案例给出的资料，完成以下实训任务：

1. 计算五粮液公司 2×12、2×13、2×14 年的资产报酬率、股东权益报酬率、销售净利率、资产净利率、每股收益、每股净资产、市盈率、市净率及其增长额、增长率情况，将相关数值填列至表 2.12 和表 2.13 中。

表 2.12　　**盈利能力指标分析表**

	2×12 年	2×13 年	2×14 年
资产报酬率			
股东权益报酬率			
销售净利率			
资产净利率			
每股收益			
每股净资产			
市盈率			
市净率			

表 2.13　　**盈利能力比较分析表**

	2×13 年 增长额	2×13 年 增长率	2×14 年 增长额	2×14 年 增长率
资产报酬率				
股东权益报酬率				
销售净利率				
资产净利率				
每股收益				
每股净资产				
市盈率				
市净率				

2. 根据上述数据及同行业公司相关财务数据，分析五粮液公司的盈利能力。

六、发展能力分析实训

【实训资料】

公司资料同上，财务数据资料见表 2.3 至表 2.7。

【实训任务】

根据上述实训案例给出的资料，完成以下实训任务：

1. 计算五粮液公司 2×13、2×14 年的销售增长率、资产增长率、资本积累率、利润增长率、净利润增长率，将相关数值填列至表 2.14 中。

表 2.14　　发展能力指标分析表

	2×13 年	2×14 年
销售增长率		
资产增长率		
资本积累率		
净利润增长率		

2. 根据上述数据及同行业公司相关财务数据，分析五粮液公司的发展能力。

七、财务分析综合实训

【实训资料】

公司资料同上，财务数据资料见表 2.3 至表 2.7。

【实训任务】

1. 根据上述实训案例给出的资料，运用杜邦分析法对五粮液公司 2014 年的偿债能力、营运能力、盈利能力进行综合分析，对企业的发展提出改进建议。

2. 你作为公司财务分析专员，结合本项目前几项实训内容，为五粮液公司起草一份财务分析报告（见表 2.15），不少于 1 000 字。

表 2.15　　五粮液公司财务分析报告

五粮液公司财务分析报告

一、公司基本情况(公司名称、性质、经营范围及特色产品等)

二、公司主要财务数据分析

1. 近三年财务状况分析(资产数据、负债数据、所有者权益数据变化趋势等)

2. 近三年经营成果分析(各类利润数据变化趋势等)

三、公司财务能力分析

1. 公司偿债能力分析

2. 公司营运能力分析

3. 公司盈利能力分析

4. 公司发展能力分析

四、公司前景分析

五、存在财务问题及原因分析

六、改进财务问题的措施及建议

财务分析专员：

时间：

【实训知识拓展】哈佛分析框架

哈佛分析框架(Harvard Analytical Framework)来源于美国,是从战略的高度分析一个企业的财务状况,分析企业外部环境存在的机会和威胁,分析企业内部条件的优势和不足,在科学的预测基础上为企业未来的发展指出方向。

哈佛分析框架是由哈佛三位学者提出的财务分析框架,主要包括战略分析、会计分析、财务分析和前景分析四部分,分析框架将定量分析、定性分析结合,能够有效把握财务分析方向。

战略分析:战略分析是哈佛分析框架中财务报表分析的起点,目的在于确定主要的利润动因和经营风险,并定性评估企业公司的盈利能力。

会计分析:会计分析建立在战略分析的基础上,目的在于评价公司会计反映基本经营实现的程度。

财务分析:财务分析目标是运用财务数据评价公司当前和过去的业绩。

前景分析:前景分析侧重于预测公司未来,在战略分析、会计分析和财务分析的基础上对公司的未来做出科学预测,为企业发展指出方向,为战略决策者提供决策支持。

项目三 财务战略、财务预测与预算实训

一、实训目的及要求

(一)实训目的

通过本项目实训,使学生了解财务战略的概念及分类,了解 SWOT 分析方法,理解财务预测的一般方法和步骤,掌握营业收入比例法、回归分析法等财务预测方法,掌握全面预算的编制原理和编制方法。

(二)实训要求

通过财务战略、财务预测与预算的实训案例分析,引导学生掌握财务战略与财务预测基本方法,能够进行初步的财务预测,熟练编制营业预算、资本预算及财务预算,并能编制预计报表,增强学生的学习体验,加强其实际动手操作能力。

本项目的实训要求与职业能力目标如表 3.1 所示。

表 3.1　实训要求与职业能力目标

实训项目	实训要求	职业能力目标
财务战略实训 (SWOT 分析法)	1. 熟悉企业财务战略 2. 分析企业优势、劣势及所处环境的机会和挑战	1. 理解能力 2. 战略分析能力
财务预测实训	1. 掌握因素分析法、营业收入比例法及回归分析法的概念、公式 2. 能够进行相关财务预测	1. 理解能力 2. 计算分析能力 3. 财务预测能力
全面预算实训	1. 掌握全面预算及财务预算概念 2. 能够编制全面预算	1. 理解能力 2. 预算编制能力

二、实训知识要点回顾

(一)财务战略

财务战略是在企业总体战略目标的统筹下,以价值管理为基础,以实现企业财务管理目标为目的,以实现企业财务资源的优化配置为衡量标准,所采取的战略性思维方式、决策方式和管理方针。财务战略分析的主要方法为 SWOT 分析法。

SWOT 分析法是在对企业的外部财务环境和内部财务条件进行调查的基础上,对有关因素进行归纳分析,评价企业外部的财务机会与威胁、企业内部的财务优势与劣势,从而为财务战略的选择提供参考方案。SWOT 四个字母代表分析企业优势(strengths)、劣势(weaknesses)、机会(opportunities)和威胁(threats)。

(二)财务预测

1. 因素分析法

因素分析法以有关项目基期年度的平均资金需要量为基础,根据预测年度的经营任务和资金周转加速的要求,进行分析调整,来预测资金需要量。公式:

资金需要量=(基期资金平均占用额－不合理资金占用额)×(1±预测期销售增减率)×(1±预测期资金周转速度变动率)

注意:

(1)如预测期销售增加,则用(1＋预测期销售增加率);反之用"减"。

(2)如预测期资金周转速度加快,则用(1－预测期资金周转速度加速率);反之用"加"。

2. 营业收入百分比法

(1)概念

营业收入百分比法,也称销售百分比法,是根据营业收入与财务报表有关项目间的比例关系,预测各项目短期资金需用量的方法。

营业收入百分比法一般通过编制预计利润表和预计资产负债表来确定企业的资金需用量。企业通过编制预计资产负债表,可以预测资产、负债及留存收益等有关项目的数额,从而确定企业需要从外部筹资的数额。

(2)步骤

①编制预计利润表,预测留存收益(内部资金来源)。

②确定资产、负债中与销售额有固定比率关系的项目,即敏感项目。

敏感项目包括敏感资产项目及敏感负债项目。敏感资产项目,如现金、应收账款、存货等;敏感负债项目,如应付账款、预提费用等。

注意:在生产能力范围之内,增加销售量一般不需增加固定资产,如果在生产能力已经饱和情况下继续增加产销量,可能需增加固定资产投资额,因此固定资产项目既可能是非敏感性资产,也可能是敏感性资产。

③预测外部筹资额。

外部筹资额＝增加的资产－增加的负债－增加的留存收益

＝新增销售收入×(敏感资产销售百分比－敏感负债销售百分比)

－预计销售收入×销售净利率×留存收益率

其中：

增加的资产＝新增销售收入×基期敏感资产占基期销售收入的百分比

增加的负债＝新增销售收入×基期敏感负债占基期销售收入的百分比

增加的留存收益＝预计销售收入×销售净利率×留存收益率

注：如企业预测期存在非敏感资产、非敏感负债项目变动，则应考虑相应调整。

3. 回归分析法

回归分析法是假定资金占用量与产销量之间存在着线性关系并据以建立数学模型，然后根据历史有关资料，用回归直线方程确定参数预测资金需要量的方法。

预测模型为：

$$Y=a+bx$$

$$a=\frac{\sum y-b\sum x}{n}$$

$$b=\frac{n\sum xy-\sum x\sum y}{n\sum x^2-(\sum x)^2}$$

运用过程中应注意以下问题：

(1)资金需要量与营业业务量之间线性关系假定应符合实际；

(2)确定 a、b 值，一般要有三年以上资料；

(3)应考虑价格等因素的变动情况。

4. 高低点法

根据各资金占用项目与产销量的变动关系，分别求出各项变动资金和不变资金，汇总求出企业资金总量。

预测模型为：

$$Y=a+bx$$

$$b=\frac{\text{最高收入期的现金占用量}-\text{最低收入期的现金占用量}}{\text{最高销售收入}-\text{最低销售收入}}$$

a＝最高收入期资金占用量－b×最高销售收入

或　a＝最低收入期资金占用量－b×最低销售收入

5. 预测方法比较

以上预测方法的比较如表 3.2 所示。

表 3.2　　财务预测方法比较

方　法	原　理	优　点	缺　点
因素分析法	基于上期数据，考虑销售及资金周转变动	计算较简单，易掌握	预测结果不太精确，只能用于匡算
营业收入百分比法	报表项目与销售额存在稳定的比例关系	能提供短期预计财务报表，易于使用	有关因素变动时，需调整销售百分比
回归分析法	资金习性与产销量存在线性关系	计量较准确	计算较复杂
高低点法	资金习性与产销量存在线性关系	计算方法简便	计量存在一定误差

（三）全面预算

全面预算是企业根据战略规划、经营目标和资源状况，运用系统方法编制的企业经营、资本、财务等一系列业务管理标准和行动计划，据以进行控制、监督和考核、激励。一般包括营业预算、资本预算和财务预算三大类。

全面预算编制步骤如图 3.1 所示。

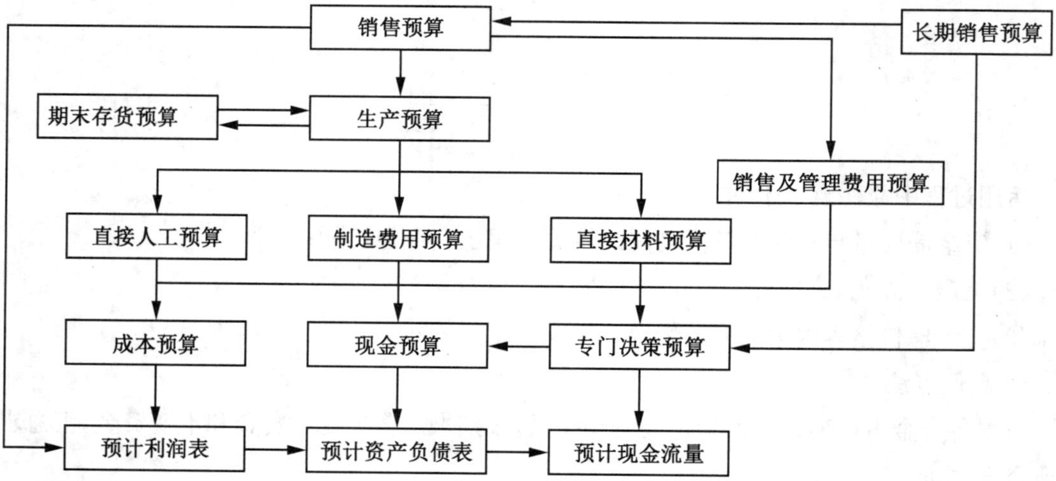

图 3.1　全面预算体系图

1. 销售预算的编制

销售预算是整个预算体系的编制起点。

销售收入＝预计销售量×预计单位售价

现金收入＝当期现金收入＋上期收现收入

2. 生产预算的编制

生产预算是唯一用实物量反映的预算。

预计生产量＝(预计销售量＋预计期末存货量)－预计期初存货量

其中，预计销售量来源于销售预算，预计期初存货量来源于上期期末存货量，预计期末存货量来源于下期销售量一定比例。

3. 直接材料预算的编制

预计材料采购量=(预计材料消耗量+预计期末材料存量)-预计期初材料存量

预计材料消耗量=单位产品材料耗用量×预计生产量

同时编制与直接材料采购有关的现金支出计算表。

4. 直接人工预算的编制

直接人工成本=直接工资+计提其他直接费用

预计直接人工总工时=单位产品工时定额×预计生产量

预计直接工资=单位工时工资率×预计直接人工总工时

预计计提其他直接费用=预计直接工资×计提比例

5. 制造费用预算的编制

固定性制造费用按上期数据为基础调整。

变动性制造费用=单位产品预算分配率×预计生产量

6. 产品成本预算的编制

汇总生产预算、直接材料预算、直接人工预算、制造费用预算。

7. 现金预算的编制

现金预算一般包括现金收入、现金支出、现金余缺、现金融通四个部分。

(1)现金收入主要包括现销的销售收入和赊销的应收账款的收回。预算期的现金收入额和期初现金余额合在一起,称为本期可动用的现金总额。

(2)现金支出是一定时期内发生的全部现金支出额,包括生产经营过程中的采购材料支出、支付工资支出以及付现性的制造费用、管理费用和销售费用等。

(3)现金余缺是现金收入与现金支出之间的差额,也称为现金余额,揭示现金收支的不平衡性,也体现了公司的融资需要。

(4)现金融通是对现金结余的处置和对现金短缺的弥补。一般,现金结余通常用于清偿债务本息,或者用于有价证券的投资;而现金短缺则主要通过举债来筹集,或者通过出售有价证券来加以弥补。

8. 预计报表的编制

预计报表的相关数据分别来源于销售预算、产品成本预算及现金预算等。

三、财务战略实训(SWOT分析法)

【实训资料】

沃尔玛是著名的零售业品牌,以物美价廉、货物繁多和一站式购物而闻名。近年来,沃尔玛销售额有明显增长,并且在全球化的范围内进行扩张,其核心竞争力是由先进的信息技术所支持的国际化物流系统,在该系统支持下,每一件商品在全国范围内的每一间卖场的运输、销售、储存等物流信息都可以清晰地看到。信息技术同时加强了沃尔玛高效的采购过程。

沃尔玛的一个焦点战略是人力资源的开发和管理。优秀的人才是沃尔玛在商业上成功的关键因素,为此需投入时间和金钱对优秀员工进行培训并建立忠诚度。

尽管沃尔玛在信息技术上拥有优势，但因为其巨大的业务拓展，这可能导致对某些领域的控制力不够强。因为沃尔玛的商品涵盖了服装、食品等多个部门，可能在适应性上比起更加专注于某一领域的竞争对手存在劣势。虽然是全球化的公司，但是沃尔玛只开拓了少数几个国家的市场。

沃尔玛可以采取收购、合并或者战略联盟的方式与其他国际零售商合作，专注于欧洲或者中国等特定市场。沃尔玛的全球化战略使其可能在其业务国家遇到政治上的问题。此外，在一些区域仍存在恶性价格竞争。

【实训任务】

根据上述案例资料，运用 SWOT 分析方法对沃尔玛进行分析。

四、财务预测实训

（一）营业收入比例法实训

【实训资料】

通达公司 2×20 年 12 月 31 日简要资产负债表如表 3.3 所示。假定通达公司 2×20 年销售收入为 20 000 万元，销售净利率为 12%，净利润的 60%分配给投资者。

表 3.3 资产负债表（简表）

2×20 年 12 月 31 日 单位：万元

资　产	期末余额	负债及所有者权益	期末余额
货币资金	1 000	应付账款	1 000
应收账款净额	3 000	应付票据	2 000
存货	6 000	长期借款	9 000
固定资产净值	7 000	实收资本	4 000
无形资产	1 000	留存收益	2 000
资产总计	18 000	负债与所有者权益总计	18 000

该公司 2×21 年计划销售收入比上年增长 30%，为实现这一目标，公司需新增设备一台，价值 148 万元。据历年财务数据分析，公司流动资产与流动负债随销售额同比率增减。

假定该公司 2×21 年销售净利率和利润分配政策与上年保持一致。

【实训任务】

1. 请运用营业收入百分比法，计算 2×21 年公司需增加的营运资金。

2. 请运用营业收入百分比法，预测 2×21 年需要对外筹集资金量。

（二）回归分析法实训

【实训资料】

鱼跃公司 20×1 至 20×6 年产销量和资金变化情况如表 3.4 所示。20×7 年预计销售量为 1 500 万件。

表 3.4　　产销量与资金变化情况表

年　度	产销量(X:万件)	资金占用(Y:万元)
20×1	1 200	1 000
20×2	1 100	950
20×3	1 000	900
20×4	1 200	1 000
20×5	1 300	1 050
20×6	1 400	1 100

【实训任务】

1. 采用高低点法，预测 20×7 年资金需要量。

2. 按照回归模型建立资金需要量预测模型，并将相关数据填列至表 3.5 中。

表 3.5　　资金需要量预测表

年　度	产销量(X:万件)	资金占用(Y:万元)	X^2	XY
20×1	1 200	1 000		
20×2	1 100	950		
20×3	1 000	900		
20×4	1 200	1 000		
20×5	1 300	1 050		
20×6	1 400	1 100		
合　计				

3. 采用回归分析法，预测 20×7 年资金需要量。

五、全面预算实训

(一)销售预算实训

【实训资料】

武汉鱼跃机械制造有限公司(以下简称“鱼跃公司”)是一家生产机械零部件为主的企业，生产的机械零件质优价廉，深受客户欢迎。

2×20 年年底，鱼跃公司接到了一单大生意，2×21 年全年为公司的一位老客户——某大型机械制造商生产 4 600 件某种机械零件。鱼跃公司的经理估计，如果接下这份订单，公司将再无剩余生产能力生产其他产品。

根据合同规定，该机械零件价格为每件 1 200 元，鱼跃公司需按季度向客户交货，四个季度的供货量分别为 800 件、1 100 件、1 500 件和 1 200 件。合同规定的付款方式为：各季度的货款应在当季支付 60%，其余 40%在下季付讫。

目前，该客户尚欠鱼跃公司 50 万元货款，预计将在 2×21 年第一季度付清。

【实训任务】

根据上述实训案例资料，编制鱼跃公司 2×21 年度销售预算(表 3.6)。

表 3.6　　鱼跃公司 2×21 年度销售预算

季　度	第一季度	第二季度	第三季度	第四季度	全年
预计销售量(件)					
预计单价(元/件)					
销售收入(元)					
预计现金收入					(单位:元)
期初应收账款					
第一季度					
第二季度					
第三季度					
第四季度					
现金收入合计					

续表

预计年末应收账款	(单位:元)
期初应收账款	
加:预计全年销售收入	
减:预计全年收回货款	
期末应收账款	

(二)生产预算实训

【实训资料】

鱼跃公司预计,为保证供货的连续性,预算期内各季度的期末产品库存量应达到下期销售量的20%。同时,根据与客户的长期合作关系来看,公司预算年末的产品库存量应维持和年初相一致的水平,大约为200件左右,能够保证及时为客户供货。

【实训任务】

根据上述实训案例资料,编制鱼跃公司2×21年度生产预算(表3.7)。

表3.7　　鱼跃公司2×21年度生产预算　　单位:件

季　度	第一季度	第二季度	第三季度	第四季度	全　年
预计销售量					
加:预计期末产品存货					
减:预计期初产品存货					
预计生产量					

(三)直接材料预算实训

【实训资料】

鱼跃公司生产该机械零件主要使用一种合金材料。根据以往的加工经验来看,平均每件产品需用料5千克。这种合金材料一直由公司以每千克200元的价格跟一位长期合作的供应商订购,并且双方约定,购货款在购货当季和下季各付一半。目前,鱼跃公司尚欠该供应商货款400 000元,预计将在2×21年第一季度付清。公司为保证生产的连续性,规定预算期内各期末的材料库存量应达到下期生产需要量的10%,同时规定各年末的预计材料库存应维持在600千克左右。

【实训任务】

根据上述实训案例资料,编制鱼跃公司2×21年度直接材料预算(表3.8)。

表 3.8　　鱼跃公司 2×21 年度直接材料预算

季　度	第一季度	第二季度	第三季度	第四季度	全　年
预计生产量(件)					
单位产品材料用量(千克/件)					
生产需用量(千克)					
加:预计期末材料存货(千克)					
减:预计期初材料存货(千克)					
预计材料采购量(千克)					
材料单价(元/千克)					
预计采购金额(元)					
预计现金支出　(单位:元)					
期初应付账款					
第一季度					
第二季度					
第三季度					
第四季度					
合　计					
预计年末应付账款　(单位:元)					
期初应付账款					
加:预计全年采购金额					
减:预计全年支付货款					
期末应付账款					

(四)直接人工预算实训

【实训资料】

鱼跃公司根据以往的加工经验预计,生产一件机械零件大约需要 7 个工时。而依据公司与工人签订的劳动合同规定,每工时需要支付工人工资 10 元。

【实训任务】

根据上述实训案例资料,编制鱼跃公司 2×21 年度直接人工预算(表 3.9)。

表 3.9　　鱼跃公司 2×21 年度直接人工预算

季　度	第一季度	第二季度	第三季度	第四季度	全　年
预计生产量(件)					
单位产品工时(小时/件)					

续表

季　度	第一季度	第二季度	第三季度	第四季度	全　年
人工总工时(小时)					
每小时人工成本(元)					
人工总成本(元)					

（五）制造费用预算实训

【实训资料】

鱼跃公司根据以往的生产经验估计，公司下年度可能会发生以下几项制造费用：辅助材料与水电费为变动费用，每工时的开支额分别是 3 元和 2 元；车间管理人员工资和设备折旧费为固定费用，估计每季度的开支总额分别为 10 000 元和 15 250 元；设备维护费为混合成本，每季度要进行一次基本维护，费用大约为 15 000 元，日常维护费用则与开工时数有关，估计每工时的维护费约为 2 元。

【实训任务】

根据上述实训案例资料，编制鱼跃公司 2×21 年度制造费用预算（表 3.10）。

表 3.10　　鱼跃公司 2×21 年度制造费用预算

季　度	第一季度	第二季度	第三季度	第四季度	全　年
变动制造费用					
人工总工时(小时)					
辅助材料(元)					
水电费(元)					
设备维护费(元)					
合计(元)					
固定制造费用					(单位:元)
管理人员工资					
设备折旧费					
设备维护费					
合　计					
预计现金支出					(单位:元)
变动制造费用合计					
固定制造费用合计					
减:设备折旧费					
现金支出额					

（六）产品成本预算实训

【实训资料】

前述实训中编制的直接材料预算、直接人工预算和制造费用预算，以及2×21年度预计销售量和期末库存量情况。

【实训任务】

根据上述实训案例资料，编制鱼跃公司2×21年度产品成本预算（表3.11）。

表3.11　　鱼跃公司2×21年度产品成本预算

成本项目	单位产品成本			生产成本（4 600件）（元）	期末存货成本（200件）（元）	销售成本（4 600件）（元）
	单价（元/千克或元/小时）	投入量（千克或小时）	成本（元）			
直接材料						
直接人工						
变动制造费用						
固定制造费用						
合　计						

（七）销售及管理费用预算实训

【实训资料】

鱼跃公司预计2×21年度的销售费用只有运输费一项，按照与运输公司的合同约定，每季度支付13 000元运费；管理费用包括管理人员工资、办公费和房租三项，均属于固定成本，每季开支额分别为6 000元4 000元和10 000元。

【实训任务】

根据上述实训案例资料，编制鱼跃公司2×21年度销售费用及管理费用预算（表3.12）。

表3.12　　鱼跃公司2×21年度销售费用及管理费用预算　　单位：元

季　度	第一季度	第二季度	第三季度	第四季度	全　年
销售费用					
运输费					
管理费用					
管理人员工资					
办公费					
房　租					
合　计					

（八）现金预算实训

【实训资料】

鱼跃公司财务部门根据公司的经营特点和现金流转状况，确定公司的最佳现金持有量是10 000元。当预计现金收支净额不足10 000元时，通过变现有价证券及申请短期银行借款来补足；预计现金收支净额超过10 000元时，超出部分用于归还借款和购入有价证券。

鱼跃公司估计，2×21年年初公司大约会有23 000元左右的有价证券储备。此外，公司已和银行商定了为期1年的信贷额度，公司随时可按6%的年利率向银行借款，借款为1 000元的整数倍。

除了日常经营活动所引起的各项现金收支外，鱼跃公司估计2×21年还会发生如下现金支付业务：

(1)公司的一台专用机床必须在一季度更新，预计需要支出购置及安装等费用共计130 000元。

(2)公司将在2×21年初向股东派发2×20年度的现金股利20 000元。

(3)估计公司每个季度需要缴纳所得税款5 600元。

【实训任务】

根据上述实训案例资料，编制鱼跃公司2×21年度现金预算(表3.13)。

表3.13　　鱼跃公司2×21年度现金预算　　单位：元

季　度	第一季度	第二季度	第三季度	第四季度	全　年
销售费用					
期初现金余额					
加：销售现金收入					
减：各项现金支出					
材料采购					
直接人工					
制造费用					
销售及管理费用					
所得税					
购置设备					
分配利润					
支出合计					
现金收支净额					
现金筹集和运用					
出售有价证券					
购入有价证券					
申请银行借款					
归还银行借款					
短期借款利息					
期末现金余额					

（九）预计报表实训

【实训资料】

鱼跃公司财务人员估计，如果前面各项日常业务预算和现金预算都能在预算期内予以落实的话，那么公司在2×21年度的盈利前景还是相当乐观的。并且，估计公司2×21年度的股利分配额能在2020年基础上增长50%，达到30 000元，预测期实收资本保持不变。

【实训任务】

根据上述实训资料，编制鱼跃公司2×21年预计资产负债表（表3.14）及预计利润表（表3.15）。

表3.14　　鱼跃公司预计资产负债表

2×21年12月31日　　单位：元

项　目	年初数	年末数	资料来源
资　产			
货币资金	10 000		
交易性金融资产	23 000		
应收账款	500 000		
存货	350 800		
固定资产	1 100 000		
累计折旧	183 000		
资产总额	1 800 800		
负债及所有者权益			
应付账款	400 000		
应付股利	20 000		
实收资本	800 000		
未分配利润	580 800		
负债及所有者权益合计	1 800 800		

表3.15　　鱼跃公司2×21年预计利润表　　单位：元

项　目	金　额	资料来源
一、营业收入		
减：营业成本		
销售费用		
管理费用		
财务费用		
二、利润总额		
减：所得税费用		

续表

项 目	金 额	资料来源
三、净利润		
加:年初未分配利润		
四、可供分配的利润		
减:利润分配		
五、年末未分配利润		

六、财务预测综合实训

【实训资料】

1. 公司财务数据资料

湖北信达公司是湖北省一家国有百货企业,在省内各地均有分支机构,2×20 年销售收入 2 500 万元,净利润为 671.25 万元。公司适用所得税税率 25%。税金及附加暂不考虑。

2×20 年简化利润表及简化资产负债表如表 3.16 和表 3.17 所示。

表 3.16　　信达公司 2×20 年简化利润表

编制单位:信达公司　　2×20 年　　单位:万元

项 目	金 额
一、营业收入	2 500
减:营业成本	1 000
销售费用	260
管理费用(不含长期资产摊销费用)	300
管理费用(长期资产摊销费用)	20
财务费用	25
资产减值损失	0
加:公允价值变动损益	0
投资收益	0
二、营业利润	895
加:营业外收入	0
减:营业外支出	0
三、利润总额	895
减:所得税(25%)	223.75
四、净利润	671.25
加:年初未分配利润	58
五、可供分配的利润	729.25

续表

项　目	金　额
减:应付普通股股利	134.25
六、未分配利润	595

表 3.17　　　　信达公司简化资产负债表

编制单位:信达公司　　　　2×20 年 12 月 31 日　　　　单位:万元

资　产	年末余额	负债及股东权益	年末余额
货币资金	54	短期借款	249
应收账款	250	应付账款	124
存　货	500	流动负债合计	373
其他流动资产	30	长期借款	332
流动资产合计	834	负债合计	705
固定资产净值	800	股　本	484
其他长期资产	150	未分配利润	595
长期资产合计	950	股东权益合计	1 079
资产总计	1 784	负债及股东权益总计	1 784

2. 其他资料

(1)预计公司 2×21 年的销售增长率为 5%。

(2)2×21 年利润表各项目:

① 营业成本、销售费用、管理费用与销售收入比例保持与 2×20 年一致;

② 有息负债利息率保持与 2×20 年一致;

③ 营业外支出、营业外收入、投资收益项目金额为零;

④ 企业采用剩余股利政策。

(3)2×21 年资产负债表项目:

① 流动资产各项目与销售收入比例与 2×20 年保持一致;

② 固定资产净值占销售收入比例与 2×20 年保持一致;

③ 其他长期资产项目每年摊销额为 20 万元,除摊销外没有其他业务;

④ 流动负债各项目(短期借款除外)与销售收入的比例相同;

⑤ 短期借款及长期借款占净经营资产的比重与 2×20 年保持一致;

(净经营资产=经营资产-经营负债)

⑥ 假设公司不保留额外金融资产。

【实训任务】

1. 根据 2×20 年销售收入,计算各项经营资产和经营负债的营业收入百分比,并填列至表 3.18 中。

表 3.18　　营业收入百分比

资产	2×20 年实际（万元）	营业收入百分比（%）	2×21 年预计（万元）	负债及股东权益	2×20 年实际（万元）	营业收入百分比（%）	2×21 年预计（万元）
货币资金				短期借款			
应收账款				应付账款			
存货				长期借款			
其他流动资产				负债百分比			
固定资产净值							
其他长期资产							
资产百分比							

2. 编制该公司 2×21 年预计利润表（表 3.19）、预计资产负债表（表 3.20）。

表 3.19　　信达公司 2×21 年简化利润表

编制单位：信达公司　　2×21 年　　单位：万元

项　目	2×20 年金额	2×21 年金额
一、营业收入		
减：营业成本		
销售费用		
管理费用（不含长期资产摊销费用）		
管理费用（长期资产摊销费用）		
财务费用		
资产减值损失		
加：公允价值变动损益		
投资收益		
二、营业利润		
加：营业外收入		
减：营业外支出		
三、利润总额		
减：所得税（25%）		
四、净利润		
加：年初未分配利润		
五、可供分配的利润		
减：应付普通股股利		
六、未分配利润		

表 3.20 信达公司简化资产负债表

编制单位:信达公司 2×21 年 12 月 31 日 单位:万元

资产	年初数	年末数	负债及股东权益	年初数	年末数
货币资金			短期借款		
应收账款			应付账款		
存 货			流动负债合计		
其他流动资产			长期借款		
流动资产合计			负债合计		
固定资产净值			股 本		
其他长期资产			未分配利润		
长期资产合计			股东权益合计		
资产总计			负债及股东权益总计		

项目四　筹资管理实训

一、实训目的及要求

(一)实训目的

通过本项目实训,使学生理解筹资的概念、类型,掌握各类筹资的优缺点。

(二)实训要求

通过筹资案例分析,引导学生能够进行各类筹资方式的对比分析,能够进行初步的筹资决策,起草简要的融资计划书,增强学习体验,加强学生实践能力。

本项目的实训要求与职业能力目标如表4.1所示。

表4.1　　实训要求与职业能力目标

实训项目	实训要求	职业能力目标
银行借款筹资实训	1. 掌握借款合同的基本内容和基本条款 2. 掌握银行借款信用条件	1. 理解能力 2. 分析决策能力
公司债券筹资实训	1. 掌握发行公司债券基本条件 2. 分析发行债券筹资对公司的财务影响	1. 理解能力 2. 分析判断能力
发行普通股筹资实训	1. 掌握发行普通股筹资的优缺点 2. 对比普通股筹资与债务筹资的优缺点,分析财务影响	1. 理解能力 2. 分析判断能力
优先股筹资实训	1. 掌握发行优先股筹资的特点 2. 分析筹资策略	1. 理解能力 2. 分析判断能力
可转换公司债券实训	1. 掌握债券评级、可转换公司债券的优缺点 2. 能够运用相关指标进行可转换公司债券决策	1. 理解能力 2. 数据计算分析能力 3. 职业判断能力

二、实训知识要点回顾

(一)筹资概念及分类

1. 概念

筹资指企业为了满足其经营活动、投资活动、资本结构调整等需要，运用一定的筹资方式，筹措和获取所需资金的一种行为。

2. 筹资方式分类比较

筹资按其性质可以分为：债务性筹资、股权性筹资和混合性筹资，如表 4.2 所示。

表 4.2　筹资方式比较

筹资性质	筹资方式	筹资成本	优　点	缺　点
债务性筹资	银行借款	较低	1. 筹资速度快 2. 筹资弹性大 3. 发挥财务杠杆作用	1. 限制条件较多 2. 筹资数量有限 3. 财务风险较大
	公司债券	较低	1. 保证公司控制权 2. 发挥财务杠杆作用	1. 发行债券门槛较高 2. 限制条件多 3. 财务风险大
	融资租赁	较高	1. 迅速获得资产 2. 筹资限制较少	租金资金负担较重
	商业信用筹资	低	融资便利	1. 融资期限较短 2. 筹资规模有限
股权性筹资	吸收直接投资	较高	1. 尽快形成生产能力 2. 增强企业信誉 3. 降低财务风险	1. 资本成本较高 2. 不易进行产权交易
	发行普通股	高	1. 不用还本 2. 没有固定股利负担 3. 增强公司信誉	容易分散公司控制权
	留存收益筹资	较高	1. 没有筹资费用 2. 增强公司信誉 3. 不会分散控制权	筹资数额有限
混合性筹资	发行优先股	较高	1. 不用还本 2. 增强公司信誉 3. 不会分散控制权	1. 存在固定股利负担 2. 筹资限制多
	可转换公司债券	较低	1. 筹资灵活 2. 资本成本较低	存在不转换财务压力和回售财务压力
	认股权证	—	1. 促进融资 2. 实现股票期权激励	1. 稀释每股收益 2. 易分散公司控制权

(二)债务性筹资

1. 银行借款

银行借款是各类企业通常采用的一种债务性筹资方式。

(1)银行借款信用条件

银行借款信用条件包括授信额度、周转信贷协定、补偿性余额,其简要比较如表4.3所示。

表4.3　银行借款信用条件比较

项　目	内　容	要　点
授信额度	银行授予企业借款的最高限额	无法律约束力
周转信贷协定	银行授予企业的正式授信额度	具有法律约束力,未使用部分交一定比例承诺费
补偿性余额	按借款比例保留的银行存款余额	降低银行风险,但使企业实际利率上升

(2)银行借款合同

银行借款合同包括基本条款和限制性条款。

基本条款包括:①借款种类;②借款用途;③借款金额;④借款利率;⑤借款期限;⑥还款资金来源及还款方式;⑦保证条款;⑧违约责任;⑨其他条款。

限制性条款一般包括:一般性限制条款;例行性限制条款;特殊性限制条款,如表4.4所示。

表4.4　银行存款限制性条款

限制性条款	合同条款
例行性限制条款	①要求定期向提供贷款的金融机构提交财务报表 ②不准在正常情况下出售较多的非产成品存货 ③如期清偿应缴纳税金和其他到期债务 ④不准以资产作其他承诺的担保或抵押 ⑤不准贴现应收票据或出售应收账款等
一般性限制条款(资产流动性及偿债能力要求)	①保持企业的资产流动性 ②限制企业非经营性支出 ③限制企业资本支出的规模 ④限制公司再举债规模 ⑤限制公司的长期投资等
特殊性限制条款	①要求公司的主要领导人购买人身保险 ②借款的用途不得改变 ③违约惩罚条款等

2. 公司债券

(1)概念

公司依照法定程序发行的,约定在一定期限内还本付息的有价证券。

(2)发行债券的资格及条件

发行债券的资格及条件如表 4.5 所示。

表 4.5 发行债券资格及条件

发行资格	股份有限公司;国有独资公司和两个以上国有企业设立的有限责任公司; 两个以上的国有投资主体投资设立的有限责任公司
发行条件	①股份有限公司的净资产不低于人民币 3 000 万元,有限责任公司的净资产不低于人民币 6 000 万元 ②累计债券余额不超过公司净资产的 40% ③最近 3 年平均可分配利润足以支付公司债券 1 年的利息 ④筹集的资金投向符合国家产业政策 ⑤债券的利率不超过国务院限定的利率水平 ⑥国务院规定的其他条件
资金用途	资金必须用于核准用途,不得用于弥补亏损和非生产性支出

(3)债券发行价格

债券发行价格取决于四个因素:债券面值;债券利率;市场利率;债券期限。

$$债券发行价格=债券面值\times(P/F,i,n)+债券面值\times年名义利率\times(P/A,i,n)$$

债券发行价格、面值与利率的关系如表 4.6 所示。

表 4.6 债券发行价格、面值与利率的关系

债券发行价	票面利率与市场利率关系	发行价与面值关系
溢价	票面利率大于市场利率	发行价高于面值
平价	票面利率等于市场利率	发行价等于面值
折价	票面利率小于市场利率	发行价低于面值

3. 融资租赁

(1)基本形式

融资租赁包括直接租赁、售后回租和杠杆租赁三种形式,如表 4.7 所示。

表 4.7 融资租赁形式比较

形　式	主　体	法律关系
直接租赁	三方主体 (出租人、承租人、供应商)	租赁关系(出租人、承租人); 买卖关系(出租人、供应商)
售后回租	两方主体 出租人(买方)、承租人(卖方)	租赁关系(出租人、承租人); 买卖关系(买方、卖方)
杠杆租赁	四方主体 (出租人、承租人、供应商、金融机构)	租赁关系(出租人、承租人); 买卖关系(出租人、供应商); 借贷关系(出租人、金融机构)

(2)租金形式

①残值归出租人

租金在每年年末支付 $每年租金=\frac{租赁设备价值-残值\times(P/F,i,n)}{(P/A,i,n)}$

租金在每年年初支付 $每年租金=\frac{租赁设备价值-残值\times(P/F,i,n)}{(P/A,i,n-1)+1}$

②残值归承租人

租金在每年年末支付 $每年租金=\frac{租赁设备价值}{(P/A,i,n)}$

租金在每年年初支付 $每年租金=\frac{租赁设备价值}{(P/A,i,n-1)+1}$

(三)股权性筹资

1. 吸收直接投资

吸收直接投资是指企业按照“共同投资、共同经营、共担风险、共享收益”的原则,直接吸收国家、法人、个人和外商投入资金的一种筹资方式。

2. 发行股票筹资

(1)股票的种类

股票的种类如表 4.8 所示。

表 4.8 股票种类

分类标志	类 型	说 明
股东权利与义务	普通股	没有特别限制的股票
	优先股	具有股利分配优先权和分取剩余财产优先权,参与公司管理上受到一定的限制
是否记名	记名股票	股票票面上记载有股东姓名或名称
	无记名股票	不登记股东名称
发行对象和上市地点	A 股	境内发行及上市交易,人民币面值,人民币交易
	B 股	境内发行及上市交易,人民币面值,外币交易
	H 股	注册地在内地,在香港上市的股票
	N 股	在纽约上市
	S 股	在新加坡上市

(2)上市公司的股票发行

股票发行可以溢价发行或平价发行,但不得折价发行。股票发行分为公开发行和非公开发行,如表 4.9 所示。

表 4.9 股票发行

分 类	说 明	
公开发行	首次上市公开发行股票(IPO)	股份有限公司第一次对社会公开发行股票并上市流通和交易
	上市公开发行股票	增发——向社会公众发售股票 配股——向原有股东配售发行股票
非公开发行	上市公司采用非公开方式,向特定对象发行股票的行为,也叫定向募集增发	

3. 留存收益筹资

(1)筹资途径:企业内部利润积累,主要是盈余公积和未分配利润。

(2)筹资特点:没有筹资费用;维持公司控制权分布;筹资数额有限。

(四)混合性筹资

主要包括优先股筹资、可转换公司债券筹资和认股权证。

1. 优先股筹资

(1)优先分配固定股利。

(2)优先分配公司剩余财产。

(3)一般无表决权。

(4)可由公司赎回。

2. 可转换公司债券

(1)概念

可转换公司债券简称可转债,是指由公司发行并规定债券持有人在一定期限内按约定的条件可将其转换为发行公司普通股的债券。

(2)发行主体比较

可转债与普通债券发行主体的比较如表 4.10 所示。

表 4.10 可转债、普通债券发行主体比较

普通债券	可转换公司债券
股份有限公司	上市公司
国有独资公司和两个以上国有企业设立的有限责任公司; 两个以上的国有投资主体投资设立的有限责任公司	重点国企

(3)转换比率(转股的股数)

$$转换比率=\frac{可转换公司债券面值}{转换价格}$$

(4)筹资特点

优点:①筹资灵活性;②资本成本较低;③筹资效率高。

缺点:①存在不转换的财务压力;②存在回售的财务压力;③股价大幅度上扬风险。

2. 认股权证

(1)概念

认股权证全称为股票认购授权证，是一种由上市公司发行的证明文件，持有人有权在一定时间内按约定价格认购该公司发行的一定数量的股票。

(2)筹资特点

①证券期权性，促进融资；

②有助于改善上市公司的治理结构；

③有利于推进上市公司的股权激励机制。

三、银行借款筹资实训

【实训资料】

宏利公司为扩大产能，拟投资 100 万元对现有生产线进行改扩建，向武汉××银行申请五年期贷款 100 万元。宏利公司近三年来财务状况良好，持续盈利，年均资产净利率为 10%，年均资产负债率为 30%。

武汉××银行经过对宏利公司的风险审查后，同意向其发放贷款。约定利率为 5%，贷款期限为五年。

【实训任务】

请根据所学知识，在贷款种类、借款利率、付息方式、还款计划等合同条款事项中做出对宏利公司最有利的选择，与银行签署贷款合同并完善相关条款。

借 款 合 同

贷款种类：　　　　　　　　　　　　合同编号：

甲方【贷款银行】：____________________　联系电话：____________________

住所：______________________________

乙方【借款人】：____________________　联系电话：____________________

住所：______________________________　法定代表人：____________________

开户银行名称：____________________　开户账号：____________________

乙方因经营需要，向甲方申请借款，双方根据《中华人民共和国合同法》等相关规定，自愿协商一致订立本合同，并保证共同遵守。

第一条　贷款种类

本合同项下的贷款种类为____________。

第二条　借款用途

乙方的借款用途为____________，乙方保证合同项下借款不用于非法活动。

第三条　借款金额

本合同项下的借款金额为人民币(大写)________元整,(小写)¥________元。

第四条 借款期限

本合同项下的借款期限为____,自____年____月____日起至____年____月____日止。

第五条 借款利率和计息

借款利率为年息百分之____,按____收息。如遇国家调整利率,按调整后的规定计算。

第六条 用款计划

乙方的分次用款计划为:

____年____月____万元;____年____月____万元;

____年____月____万元;____年____月____万元;

____年____月____万元;____年____月____万元;

____年____月____万元;____年____月____万元。

第七条 还款计划

乙方的分次还款计划为:

____年____月____万元;____年____月____万元;

____年____月____万元;____年____月____万元;

____年____月____万元;____年____月____万元;

____年____月____万元;____年____月____万元。

第八条 付息方式

付息方式为________,乙方应在结息日前将资金汇入在甲方开立的存款户内,以便于甲方按期、按规定收取利息。

乙方不能按时付息时,按规定计收复利。

第九条 扣款方式

乙方保证按第七条、第八条确定的还款计划归还借款和借款利息,若不能按期归还,则乙方同意由甲方从乙方的银行账户中直接扣收借款本金、利息及有关费用。

第十条 担保方式

____

____

第十一条 合同的变更和解除

1. 本合同生效后,甲、乙任何一方不得擅自变更和解除本合同。

2. 贷款到期,由于客观情况发生变化,乙方经过努力仍不能还清借款的,可以在借款到期前____日内向甲方申请展期,经甲方书面同意。甲、乙双方签订展期还款协议书,作为本合同的附件。

3. 甲、乙任何一方发生合并、分立、承包及股份制改造等转制变更时,由变更后当事人承担或分别承担履行本合同的义务和享有应有的权利。

第十二条 在本合同有效期内,乙方如需进行承包、租赁、合并和兼并、合资、分立、联营、股份制改造等改变其经营方式时,应提前____日通知甲方。

第十三条　甲、乙双方的主要权利和义务

1. 乙方有权要求甲方按本合同约定发放贷款；

2. 乙方应在甲方开立存款户；

3. 乙方应在合同约定的期限内归还全部贷款本息；

4. 乙方必须按约定用途使用贷款，不得将贷款挪作他用；

5. 乙方应按甲方要求提供其有关的计划、统计、财务会计报表等资料；

6. 甲方有权检查贷款的使用情况；

7. 甲方有权对乙方的资金及经营情况进行监督；

8. 甲方应按乙方的用款计划及所需资金及时发放贷款。

第十四条　违约责任

1. 乙方未按约定用途使用贷款，甲方将停止发放贷款。

2. 乙方未按期或未按本合同约定还款的，未偿清的贷款为逾期贷款，甲方有权按合同约定对逾期贷款按日加收____的利息。

第十五条　甲、乙双方商定的其他条款

____

____

第十六条　本合同自甲、乙双方法定代表人或其授权代理人签字并加盖单位公章后生效，至合同项下贷款本息全部清偿完毕后终止。

第十七条　本合同正本两份，甲、乙双方各执一份，副本____份。

甲方：公章	乙方：公章
法定代表人：签字	法定代表人：签字
（或其授权代理人）	（或其授权代理人）
年　月　日	年　月　日

四、公司债券筹资实训

【实训资料】　**万达集团公开发行公司债券**

2019 年 7 月 2 日，万达集团股份有限公司公告拟面向合格投资者公开发行公司债券（2019 年第一期）。据悉万达集团公开发行不超过 20 亿元公司债券已于 2018 年 4 月 25 日获得中国证券监督管理委员会证监许可，可分期发行。发行人本次债券采取分期发行的方式，其中本期债券为本次债券的第二期发行，发行规模为不超过 14.94 亿元（含 14.94 亿元），发行价格为每张 100 元。

本次债券发行时间为 2019 年 7 月 5 日，最终网下实际发行规模为 10.70 亿元，最终票面利率为 6.80%，本期债券期限为 3 年。债券相关事项如下：

1. 本期债券代码为“112926”，债券简称为“19 万集 01”，采取网下面向机构投资者询价配售相结合的方式，由主承销商根据询价情况进行债券配售。

2. 本期债券采用单利按年计息，不计复利。每年付息一次，到期一次还本，最后一期利息随本金的兑付一起支付。起息日为 2019 年 7 月 5 日，付息日为 2020 年至 2022 年每年的 7 月 5 日。

3. 本期发行公司债券的募集资金，拟用于偿还万达集团有息债务本息和补充营运资金。

4. 本期债券的主承销商及债券受托管理人为中泰证券股份有限公司，经大公国际资信评估有限公司综合评定，发行人本期债券评级为 AA+，主体评级为 AA+，不符合进行质押式回购的基本条件。此外，发行人控股股东万达控股集团有限公司为本期债券提供全额无条件不可撤销连带责任保证担保。

截至 2019 年 3 月 31 日，公司的净资产为 227.43 亿元，合并资产负债率为 47.68%，母公司资产负债率为 69.52%。2016～2018 年，万达集团的年均可分配利润为 24.88 亿元。不久前，万达集团对外公布自身债务状况称，在对外借款、对外担保及受限资产等方面，存有风险。这家公司担保了山东胜通集团股份有限公司及其子公司的大笔债务。

【实训任务】

1. 我国发行公司债券的基本条件有哪些？

2. 万达集团发行公司债券属于何种性质筹资？试评价此次公司债券融资将对万达集团产生的财务影响。

五、普通股筹资实训

【实训资料】

阿里巴巴美国上市融资

2014 年 9 月 19 日，阿里巴巴正式在纽交所挂牌交易，股票代码为 BABA。因为交易量庞大，阿里创美股 10 年来开盘时间最长纪录。开盘 92.7 美元，较发行价 68 美元高开 36.3%。截至当天收盘，阿里巴巴股价暴涨 25.89 美元报 93.89 美元，较发行价 68 美元上涨 38.07%，市值达 2 314.39 亿美元，超越脸谱(Facebook)成为仅次于谷歌的第二大互联网公司。据国际货币基金组织公布的 2013 年世界各国 GDP 排行榜，阿里巴巴总市值 2 314.39 亿美元这个数字，居第 44 位伊拉克及 43 位巴基斯坦之间，阿里之富可匹敌全球 100 多个国家。2013 年阿里集团的电子商务交易总规模为 1.542 万亿元人民币，占据了全国电商市场总规模的 84%，折算成美元是 2 480 亿美元，相当于芬兰一年经济总量。

阿里巴巴成功在美国上市，不但让阿里巴巴成为全球市值最大的互联网公司之一，也使其股东获得了巨额回报。根据阿里巴巴提交的招股文件显示，日本软银集团持股 797 742 980 股，占比 34.4%，为最大股东；雅虎持股 523 565 416 股，占比 22.6%；阿里巴巴董事局主席马云持有 206 100 673 股，占比 8.9%，为最大个人股东；阿里巴巴联合创始人蔡崇信持有 83 499 896 股，占比 3.6%。

马云占阿里巴巴 8.9%的股份，以开盘价 92.7 美元计算，他在阿里巴巴的股份价值超过 200 亿美元，超过王健林和马化腾，成为中国新首富。

阿里巴巴的最大股东软银集团持 7.98 亿股。按照 93.89 美元收盘价，软银的持股部分市值达到 749.5 亿美元。软银当初投资阿里巴巴集团的资金回报率已高达 71 倍。

阿里巴巴发展十五年间，曾三次进行融资。1999 年 10 月，马云私募到手第一笔天使投资 500 万美元，由高盛公司牵头，联合美国、亚洲、欧洲一流的基金公司参与。软银不是阿里巴巴的第一个风险投资公司，却是坚持到最后的那个。在阿里巴巴的第二轮融资中，软银开始出现。2000 年，马云为阿里巴巴引进第二笔融资，2 500 万美元的投资来自软银、富达、汇亚资金、TDF、瑞典投资 6 家风险投资商，其中软银为 2 000 万美元，阿里巴巴管理团队仍绝对控股。

2004 年 2 月，阿里巴巴第三次融资，再从软银等风险投资商手中募集到 8 200 万美元，其中软银出资 6 000 万美元。马云及其创业团队仍然是阿里巴巴的第一大股东，占 47%股份；第二大股东为软银，约占 20%；富达约占 18%；其他几家股东合计约 15%。

雅虎介入阿里巴巴不过两年，同样获益甚厚。作为阿里巴巴集团的大股东，雅虎间接持有阿里巴巴 28.4%的股权，其市值高达 73 亿美元；此外，雅虎还以基础投资者身份，投资 7.76 亿港元购买了阿里巴巴新股，购入价格为 13.5 港元每股，占 7.1%的股份，IPO 当天升值到 22.7 亿港元。

从阿里巴巴集团的第三轮融资开始，早期的一些风险投资商已经开始陆续套现。1999 年阿里巴巴创办之初的天使投资高盛集团因战略调整，退出了中国风险投资市场，其所持股份被新加坡的寰慧投资(GGV)接手。此后，包括富达等在内的风险投资商又陆续套现。到阿里巴巴上市之前，只有软银一家风险投资公司还一直在阿里巴巴的股份中牢牢占据主要地位，其他风险投资公司已经全部退出。

【实训任务】

1. 从筹资性质上而言，阿里巴巴美国上市融资属于什么性质筹资？你如何评价阿里巴巴上市，这种筹资方式具有哪些优缺点？

2. 如果马云想继续保持最大个人股东身份，则阿里巴巴以后应采取什么性质的筹资？这种性质的筹资具有哪些优缺点？

六、优先股筹资实训

【实训资料】

九州通发行优先股

九州通医药集团股份有限公司(以下简称"九州通")于1985年创建于湖北武汉，是一家以西药、中药和医疗器械批发、物流配送、零售连锁以及电子商务为核心业务的股份制企业。2010年11月2日在上海证券交易所挂牌上市(证券代码:600998)。

九州通表示，随着近年来公司快速发展，公司持续通过股权融资、债权融资等方式筹措发展所需资金，债务融资规模较大、资产负债率较高，2019年上半年末资产负债率已达69.29%，高于同行业上市公司平均水平。公司负债以流动负债为主，最近三年及一期各期末的流动负债占比持续保持在90%以上。当前的资产负债结构在一定程度上制约着公司的业务发展。同时医药流通企业主要通过购销差价来获取利润，公司向上游企业采购药品等货物需要支付一定比例的货款，而药品等货物转售于下游客户时，一般情况下会有相应期限的付款信用账期，这就需要公司持有足够的用于周转的流动资金。本次募集资金用于偿还公司部分有息负债后，公司营运资金压力将得到缓解，满足公司业务快速发展对资金的需求；同时减少了财务费用，这将进一步提高公司盈利水平。

九州通于2019年10月14日公告，公司收到中国证券监督管理委员会出具的《关于核准九州通医药集团股份有限公司非公开发行优先股的批复》，核准公司非公开发行不超过2000万股优先股，募集资金不超过人民币20亿元，自中国证监会核准发行之日起6个月实施首期发行，且发行数量不少于总发行数量的50%，剩余数量在24个月内发行完毕。

据悉，九州通经公司第三次临时股东大会批准，公司本次拟发行不超过2 000万股优先股，募集资金总额不超过20亿元，扣除发行费用后的募集资金净额拟偿还银行贷款及其他有息负债10亿元，其余不超过10亿元的部分将用于补充流动资金。

公司预测按照本次优先股20亿元(暂不考虑发行费用)的发行规模和截至2019年6月30日公司的净资产和营运资金规模静态测算，本次发行成功后，预计公司净资产将增长9.72%；营运资金将增长16.64%，公司短期偿债能力提升；同时公司资产负债率将下降2.01个百分点。从中长期看，公司发行优先股募集资金带来的净资产规模的增长将带动公司业务规模的扩张，并进而提升公司的净利润水平。

本次发行优先股的类型及主要条款：

1. 优先股面值:100元。

2. 发行价格:按面值平价发行。

3. 发行数量:不超过 2 000 万股。

4. 发行规模:不超过 20 亿元。

5. 是否累积:非累积优先股。

6. 是否参与:非参与优先股。

7. 是否调息: 附单次调息安排的固定股息率。

8. 股息支付方式:以现金支付股息,以一个会计年度作为计息期间。

9. 票面股息率的确定原则:第 1～3 个计息年度优先股的票面股息率由股东大会授权董事会结合发行时的国家政策、市场状况、公司具体情况以及投资者要求等因素,通过询价方式或监管机构认可的其他方式经公司与主承销商按照有关规定协商确定并保持不变。自第 4 个计息年度起,如果公司不行使全部赎回权,每股票面股息率在第 1～3 个计息年度股息率基础上增加 2 个百分点,第 4 个计息年度股息率调整之后保持不变。

10. 募集资金投资项目:偿还银行贷款及其他有息负债 10 亿元,其余不超过 10 亿元的部分将用于补充流动资金。

【实训任务】

1. 与普通股筹资相比,优先股筹资有哪些优缺点?

2. 九州通原先筹资方案为发行 40 亿元优先股筹资,后更改为发行 20 亿元优先股和公司债券的联合筹资,这种筹资方案的变更将给九州通带来怎样的财务影响? 如不考虑其他因素,你认为两种筹资方案哪一种更好?

3. 通过本次九州通优先股筹资,谈谈九州通的筹资策略及对公司的财务影响。

4. 作为普通投资者,如果你有一笔资金,你愿意投资万达的公司债券还是投资九州通的优先股? 请简要说明理由。

七、可转换公司债券筹资实训

【实训资料一】

湖北广电发行可转换公司债券

湖北省广播电视信息网络股份有限公司(以下简称“湖北广电”)可转换公司债券于2018年6月28日发行完毕,募集资金总额为人民币1 733 592 000元,期限为发行之日起六年,即自2018年6月28日至2024年6月28日;票面利率按照投资持有年限不同而不同,第一年到第六年的利率具体如下:第一年0.5%、第二年0.8%、第三年1.0%、第四年1.5%、第五年1.8%、第六年2.0%。本期可转债采用每年付息一次的付息方式,计息起始日为本期可转债发行首日。联合评级对公司本次发行的可转债给予“AA+”的信用评级。

湖北广电可转换公司债券转债简称:湖广转债,转债代码:127007。本期可转债转股期自2018年12月28日至2024年12月28日。初始转股价格为10.16元/股。摘要如下:

1. 发行证券的种类

本次发行证券的种类为可转换为公司A股股票的可转换公司债券。

2. 发行规模

本次拟发行可转换公司债券募集资金总额为人民币1 733 592 000元。

3. 可转债存续期限

本次发行的可转债存续期限为自发行之日起6年。

4. 票面金额和发行价格

本次发行的可转债每张面值为人民币100元,按面值发行。

5. 债券利率

本次发行的可转债票面利率:第一年0.5%、第二年0.8%、第三年1.0%、第四年1.5%、第五年1.8%、第六年2.0%。

6. 还本付息的期限和方式

采用每年付息一次的付息方式,到期归还本金和最后一年利息。

7. 转股期限

本次可转债的转股期限自可转债发行结束之日起满6个月后的第一个交易日起至可转债到期日止。

8. 转股时不足1股金额的处理方法

可转债持有人申请转换成的股份须是整数股。本可转债持有人经申请转股后,

对所剩可转债不足转换为1股股票的余额,公司将按照上海证券交易所等部门的有关规定,在本可转债持有人转股后的5个交易日内以现金兑付该部分可转债的票面金额以及利息。

9. 转股价格的确定

本次可转债的初始转股价格不低于募集说明书公告日前20个交易日公司股票交易均价(若在该20个交易日内发生过因除权、除息引起股价调整的情形,则对调整前交易日的收盘价按经过相应除权、除息调整后的价格计算)和前一个交易日公司股票交易均价,具体转股价格

由公司股东大会授权公司董事会在发行前根据市场状况与保荐人(主承销商)协商确定。

转股价格:10.16 元/股。

10. 赎回条款

(1)到期赎回条款

在本次发行的可转换公司债券期满后 5 个交易日内,公司将以本次可转债票面面值上浮 8%(含最后一期利息)的价格向投资者赎回全部未转股的可转债。

(2)有条件赎回条款

在本次发行的可转换公司债券转股期内,当下述两种情形的任意一种出现时,公司董事会有权决定按照债券面值加当期应计利息的价格赎回全部或部分未转股的可转换公司债券:

A. 在本次发行的可转换公司债券转股期内,如果公司 A 股股票连续 30 个交易日中至少有 15 个交易日的收盘价格不低于当期转股价格的 130%(含 130%);

B. 当本次发行的可转换公司债券未转股余额不足 3 000 万元时。

若在前述 30 个交易日内发生过转股价格调整的情形,则在调整前的交易日按调整前的转股价格和收盘价格计算,调整后的交易日按调整后的转股价格和收盘价格计算。

11. 回售条款

(1)有条件回售条款

在本次发行的可转换公司债券最后两个计息年度,如果公司股票在任何连续 30 个交易日的收盘价格低于当期转股价的 70%时,可转换公司债券持有人有权将其持有的可转换公司债券全部或部分按面值加上当期应计利息的价格回售给公司。

(2)附加回售条款

若公司本次发行的可转换公司债券募集资金投资项目的实施情况与公司在募集说明书中的承诺情况相比出现重大变化,可转换公司债券持有人有权将其持有的可转换公司债券全部或部分按债券面值加上当期应计利息价格回售给公司。持有人在附加回售条件满足后,可以在公司公告后的附加回售申报期内进行回售,该次附加回售申报期内不实施回售的,不能再行使附加回售权。

【实训任务一】

1. 与普通公司债券相比,可转换公司债券筹资有哪些优缺点?

2. 根据债券评级,A 级、B 级和 C 级的债券在风险、报酬上有什么区别?

3. 计算湖北广电可转换债券的转换比率。

4. 2×20 年 12 月 31 日，湖北广电可转换债券的市场价格为 120 元。湖北广电股票价格为 12 元。如果李先生持有湖北广电可转换债券 1 000 张，请问李先生是否应当将其转换成股票？

【实训资料二】

扬天公司是一家上市公司，2×20 年年末公司总股份为 10 亿股，当年实现净利润为 4 亿元，公司计划投资一条新生产线，总投资额为 8 亿元，经论证，该项目具有可行性。为筹集新生产线的投资资金，财务部制定了两个筹资方案：

方案一：发行可转换公司债券 8 亿元，每张面值 100 元，规定的转换价格为每股 10 元，债券期限为 5 年，年利率为 2.5%，可转换日为自该可转换公司债券发行结束之日(2×21 年 1 月 25 日)起满 1 年后的第一个交易日(2×22 年 1 月 25 日)。

方案二：发行一般公司债券 8 亿元，每张面值 100 元，债券期限为 5 年，年利率为 5.5%。

【实训任务二】

1. 计算自该可转换公司债券发行结束之日起至可转换日止，与方案二相比，公司发行可转换公司债券节约的利息。

2. 预计在转换期公司市盈率将维持 20 倍的水平(以 2×20 年的每股收益计算)。如果公司希望可转换公司债券进入转换期后能够实现转股，则公司 2×21 年的净利润及其增长率至少应达到多少？

3. 如果转换期内公司股价在 8～9 元之间波动，公司将面临何种风险？

八、筹资管理综合实训

【实训资料一】

王小明是××学院会计学院 2019 届财务管理专业应届毕业生，打算自主创业，拟投资 10 万元在学院旁边的文化一条街上开一间饮水吧，主要经营各类咖啡、饮料、奶茶等。王小明现有资金为 5 万元。

【实训任务一】

1. 请帮王小明选择领取营业执照类型，并说明理由。

2. 请帮王小明设计两种以上筹资方案，并简要说明各方案优缺点。

3. 参考附录二，为王小明起草一份简要的融资计划（见表 4.11），标“略”的部分可省略。

【实训资料二】

学生自行选定一家上市公司，并获取其上一会计年度年报。

【实训任务二】

学生按 5～8 人为一组，定向调研此公司。调研内容为三个部分：

1. 企业基本情况，包括企业名称、性质、注册资本、法人代表、经营范围等；
2. 筹资基本情况；
3. 筹资评价及建议。

将上述调研内容填列至调研报告（见表 4.12）中，不少于 500 字。

表 4.11　　融资计划书

________融资计划书

一、项目基本情况介绍(企业名称、性质、经营范围)

二、业务描述(企业宗旨、发展战略、产品及服务)

三、市场营销(略)

四、管理团队(略)

五、财务预测

1. 成本、收入、利润预测(需进行调研)

2. 投资计划

3. 融资需求(融资金额、资金来源、资金需求计划、资金需求时间、用途等)

六、资本结构(略)

七、投资者退出方式

九、风险分析

十、其他说明

起草人:

时间

表 4.12　　公司筹资情况调研报告

________公司筹资情况调研报告

一、企业基本情况

二、筹资基本情况

1. 筹资总体规模

2. 债务筹资情况(债务资金来源、金额及比例)

3. 股权筹资情况(十大股东、股权资金来源、金额及比例)

三、筹资评价

1. 优点

2. 缺点

3. 建议

调研组成员签名：

项目五　资本成本、杠杆原理、资本结构实训

一、实训目的及要求

(一)实训目的

通过本项目实训,掌握资本成本的概念、分类及其计算,熟悉营业杠杆、财务杠杆、总杠杆的原理、计算及其意义,掌握资本结构的概念及决策方法。

(二)实训要求

通过资本成本、杠杆原理及资本结构的实训案例分析,引导学生对企业筹资时的各种资本成本进行对比分析,理解各类杠杆效应,能够进行初步的资本结构优化决策,加强学生的实际动手操作能力,提高对这部分专业知识的应用。

本项目的实训要求与职业能力目标如表 5.1 所示。

表 5.1　　实训要求与职业能力目标

实训项目	实训要求	职业能力目标
资本成本实训	1. 掌握资本成本的概念、公式 2. 能够进行相关资本成本分析	1. 理解能力 2. 计算分析能力
杠杆原理实训	1. 掌握营业杠杆、财务杠杆、联合杠杆的概念、公式 2. 能够进行相关杠杆应用	1. 理解能力 2. 计算分析能力
资本结构决策实训	1. 掌握资本结构概念 2. 能够进行相关资本结构决策	1. 理解能力 2. 决策分析能力

二、实训知识要点回顾

(一)资本成本

1. 概念

资本成本是企业筹资和使用资本而付出的代价。包括用资费用(如股利、利息等)和筹资费用(如借款手续费、股票发行费等)。

$$资本成本率=\frac{用资费用}{筹资总额-筹资费用}$$

$$=\frac{用资费用}{筹资总额\times(1-筹资费用)}$$

2. 分类及计算

资本成本的分类及计算如表 5.2 所示。

表 5.2　资本成本的分类及计算

类　型	项　目	计算公式
个别资本成本率	长期借款	长期借款资本成本率 $=\frac{利息\times(1-所得税税率)}{借款本金\times(1-筹资费率)}$
	公司债券	债券资本成本率 $=\frac{利息\times(1-所得税税率)}{实际筹资额\times(1-筹资费率)}$
	优先股	优先股资本成本率 $=\frac{面值\times年股利率}{优先股面值\times(1-筹资费率)}$
	普通股	(1)固定股利模型 普通股资本成本率 $=\frac{固定股利}{普通股发行价\times(1-筹资费率)}$
		(2)固定股利增长模型 普通股资本成本率 $=\frac{第一年年末预期股利}{普通股发行价\times(1-筹资费率)}+股利增长率$
		(3)资本资产定价模型 普通股资本成本＝无风险报酬率＋β系数×(市场平均报酬率－无风险报酬率)
		(4)风险溢价法 普通股资本成本＝债券资本成本＋风险溢价
	留存收益	参照普通股计算，无筹资费用
综合资本成本率	资本结构	加权资本成本率，取决于个别资本成本率及各资本在资本总额中的比重 $K_w=\sum_{j=1}^{n}K_jW_j$
边际资本成本率	追加筹资	1. 确定目标资本结构 2. 测算各种资本的成本率 3. 测算筹资总额的分界点 4. 测算边际资本成本率

(二)杠杆原理

1. 概念

财务管理中的杠杆原理指由于固定成本或费用的存在,当某一财务变量(如销量、销售收入、息税前利润等)发生较小的变化时,另一相关变量(息税前利润、每股收益等)会发生较大的变化。

2. 分类及计算

财务管理中,主要有三类杠杆:营业杠杆、财务杠杆、总杠杆。

营业杠杆是指由于固定经营成本的存在,使企业的息税前利润变动率高于销量或销售收入变动率的现象。

财务杠杆是指由于固定利息费用的存在,使企业的每股收益变动率高于息税前利润变动率的现象。

总杠杆也称联合杠杆、复合杠杆,是在营业杠杆和财务杠杆的联合作用下,由于存在固定经营成本和固定利息费用,使企业的每股收益变动率高于销量或销售收入变动率的现象。

各类杠杆系数的计算及意义如表 5.3 所示。

表 5.3　　各类杠杆系数计算及意义

杠杆系数	计　算	意　义
营业杠杆系数 DOL	$DOL=\frac{\text{息税前利润变动率}}{\text{销售量变动率(或销售收入变更率)}}=\frac{\text{边际贡献}}{\text{息税前利润}}$	营业杠杆系数越大,企业经营风险越大
财务杠杆系数 DFL	$DFL=\frac{\text{每股收益变动率}}{\text{息税前利润变动率}}=\frac{\text{息税前利润}}{\text{息税前利润}-\text{利息}}$	财务杠杆系数越大,企业财务风险越大
总杠杆系数 DCL	$DCL=DOL\cdot DFL=\frac{\text{每股收益变动率}}{\text{销售量变动率(或销售收入变动率)}}=\frac{\text{边际贡献}}{\text{息税前利润}-\text{利息}}$	总杠杆系数越大,企业总风险越大

总杠杆系数受到营业杠杆系数和财务杠杆系数的共同影响:

(1)固定资产比重较大的资本密集型企业,营业杠杆系数高,经营风险大,企业筹资主要依靠权益资本,以保持较小的财务杠杆系数和财务风险;

(2)变动成本比重较大的劳动密集型企业,营业杠杆系数较低,经营风险小,企业筹资主要依靠债务资本,保持较大的财务杠杆系数和财务风险。

(三)资本结构

1. 概念

资本结构指企业各种资本的价值构成及其比例关系。

广义资本结构是指企业全部资本的构成与比例,狭义资本结构是指长期负债与股东权益资本的构成及比例关系。

2. 最佳资本结构及其标准

最佳资本结构是指在一定条件下使企业加权平均资本成本最低、企业价值最大的资金结构。主要有以下三个判断标准：

(1)企业综合平均资本成本最低；

(2)普通股每股收益最大化；

(3)企业价值最大。

上述三个标准满足其一，即达到最佳资本结构。

3. 影响资本结构的因素

影响资本结构的因素如表 5.4 所示。

表 5.4　　资本结构影响因素

影响因素	说　明
企业经营状况的稳定性和成长率	稳定性好——企业可较多地负担固定的财务费用 成长率高——可能采用高负债的资本结构
企业的财务状况和信用等级	财务状况好、信用等级高——容易获得债务资本
企业资产结构	拥有大量固定资产的企业——主要通过长期负债和发行股票筹资 拥有较多流动资产的企业——更多地依赖流动负债筹集资金 资产适用于抵押的企业——负债较多 以技术研发为主的企业——负债较少
企业投资人和管理当局的态度	企业股权分散——可能更多采用权益资本筹资 企业股权集中——为防止控股权稀释，尽量避免普通股筹资 稳健的管理当局偏好于选择负债比例较低的资本结构
行业特征和企业发展周期	产品市场稳定的成熟产业——可提高债务资本比重 企业产品、技术、市场尚不成熟——可降低债务资本比重 企业初创阶段——经营风险高，应控制债务资本比重 企业成熟阶段——经营风险低，可适度增加债务资本比重 企业收缩阶段——市场占有率下降，经营风险逐步加大，应逐步降低债务资本比重
经济环境的税务政策和货币政策	所得税税率高——债务资本抵税作用大，企业倾向债务筹资紧缩的货币政策——市场利率高，企业倾向股权筹资

4. 资本结构决策方法

资本结构的决策方法如表 5.5 所示。

表 5.5　资本结构决策方法

方　法	步　骤	计算公式	决策原则
资本成本比较法	1. 计算各备选方案的个别资本成本率 2. 计算综合资本成本率 3. 比较，选择最优资本结构	$K_w = \sum_{j=1}^{n} K_j W_j$	综合资本成本率最低的方案，所对应的资本结构最优
每股收益分析法	1. 分析不同筹资方式下的利息、股数变化 2. 求不同筹资方式下每股收益相等时的息税前利润，即每股收益无差别点对应的息税前利润 3. 选择筹资方案	$\frac{(\overline{EBIT}-I_1)(1-T)}{N_1} = \frac{(\overline{EBIT}-I_2)(1-T)}{N_2}$	当预期息税前利润大于每股收益无差别点对应的息税前利润时，应当选债务筹资方案； 当预期息税前利润小于每股收益无差别点对应的息税前利润时，应当选股权筹资方案
公司价值比较法	1. 确定企业市场价值模型 2. 测算债务资本价值和权益资本价值 3. 测算不同资本结构的加权资本成本 4. 选择筹资方案	1. $V=S+B$ 2. $S=\frac{(EBIT-I)(1-T)}{K_S}$ 3. $K_W=K_B\left(\frac{B}{V}\right)(1-T)+K_S\left(\frac{S}{V}\right)$	企业价值最大，且综合资本成本最低的方案所对应的资本结构最优

三、资本成本实训

【实训资料一】

天佑公司拟添置一套市场价格为 6 000 万元的设备，需筹集一笔资金。现有三个筹资方案可供选择(假定各方案均不考虑筹资费用)：

1. 发行普通股。该公司普通股的 β 系数为 2，一年期国债利率为 4%，市场平均报酬率为 10%。

2. 发行债券。该债券期限 10 年，票面利率 8%，按面值发行。公司适用的所得税税率为 25%。

3. 融资租赁。该项租赁租期 6 年，每年租金 1 400 万元，期满租赁资产残值为零。

【实训任务一】

1. 利用资本资产定价模型计算普通股资本成本。

2. 利用非折现模式(即一般模式)计算债券资本成本。

3. 利用折现模式计算融资租赁资本成本。

4. 根据以上计算结果,为公司选择筹资方案。

【实训资料二】

现在,天亚公司有一个好的投资机会,急需资金 1 000 万元。该公司财务经理通过与几家银行进行洽谈,初步拟定了三个备选借款方案。三个方案的借款本金均为 1 000 万元,借款期限均为五年,具体还款方式如下:

方案一:采取定期支付利息,到期一次性偿还本金的还款方式,每半年末支付一次利息,每次支付利息 40 万元。

方案二:采取等额偿还本息的还款方式,每年年末偿还本息一次,每次还款额为 250 万元。

方案三:采取定期支付利息,到期一次性偿还本金的还款方式,每年年末支付一次利息,每次支付利息 80 万元。

此外,银行要求甲公司按照借款本金的 10%保持补偿性余额,对该部分补偿性余额,银行按照 3%的银行存款利率每年年末支付企业存款利息。

【实训任务二】

计算三种借款方案的有效年利率。如果从资本成本的角度分析,公司应当选择哪个借款方案?

四、杠杆原理实训

(一)营业杠杆实训

【实训资料】

阳光公司只生产一种产品，2×20 年产销量为 5 000 件，每件售价为 240 元，成本总额为 850 000 元，在成本总额中，固定成本为 235 000 元，变动成本为 495 000 元，混合成本为 120 000 元(混合成本的分解公式为 $y=40\ 000+16x$)。

2×21 年预计固定成本可降低 5 000 元，其余成本和单价不变，计划产销量为 5 600 件。

【实训任务】

1. 计算计划年度的息税前利润。

2. 计算产销量为 5 600 件下的营业杠杆系数 *DOL*。

(二)杠杆综合实训

【实训资料】

天坤公司 2×20 年资产总额为 1 000 万元，资产负债率为 40%，负债平均利息率 5%，实现的销售收入为 1 000 万元，全部的固定成本和费用为 220 万元，变动成本率为 30%，若预计 2×21 年的销售收入提高 50%，其他条件不变。

【实训任务】

1. 分别计算营业杠杆系数 *DOL*、财务杠杆系数 *DFL*、总杠杆系数 *DCL*。

2. 预计 2×21 年的每股收益增长率。

五、资本结构决策实训

(一)资本成本比较法实训

【实训资料】

亚新公司目前拥有资金 2 000 万元,其中:长期借款 800 万元,年利率 10%,普通股 1 200 万元,上年支付的每股股利 2 元,预计股利增长率为 5%,发行价格 20 元,目前价格也为 20 元,无筹资费用。

该公司计划筹集资金 100 万元,企业所得税率为 25%,有两种筹资方案(各方案均不考虑筹资费用):

方案 1:增加长期借款 100 万元,借款利率上升到 12%,假设公司其他条件不变。

方案 2:发普通股 40 000 股,普通股市价增加到每股 25 元。

【实训任务】

1. 计算该公司筹资前的综合资本成本率。

2. 分别计算两种方案下的综合资本成本率,将有关数据填列至表 5.6 中,并用资本成本比较法确定该公司的最佳资本结构。

表 5.6　综合资本成本率比较

	筹资前	方案一	方案二
原借款资本成本率			
新增借款资本成本率			
普通股资本成本率			
综合资本成本率			

(二)每股收益分析法实训

【实训资料一】

亚希公司为一上市公司,适用的企业所得税税率为 25%,相关资料如下:

资料一:2×20 年 12 月 31 日发行在外的普通股为 10 000 万股(每股面值 1 元),公司债券为 24 000 万元(该债券发行于 2×20 年年初,期限 5 年,每年年末付息一次,利息率为 5%),该年息税前利润为 5 000 万元。假定全年没有发生其他应付息债务。

资料二:亚希公司打算在 2×21 年为一个新投资项目筹资 10 000 万元,该项目当年建成并投产。预计该项目投产后公司每年息税前利润会增加 1 000 万元。

现有甲、乙两个方案可供选择,其中:甲方案为增发利息率为 6%的公司债券;乙方案为增发 2 000 万股普通股。假定各方案的筹资费用均为零，且均在 2×21 年 1 月 1 日发行完毕。部分预测数据如表 5.7 所示。

表 5.7　　甲、乙方案数据资料对比表

	甲方案	乙方案
增资后息税前利润(万元)	6 000	6 000
增资前利息(万元)	*	1 200
新增利息(万元)	600	*
增资后利息(万元)	(A)	*
增资后税前利润(万元)	*	4 800
增资后税后利润(万元)	*	3 600
增资后普通股股数(万股)	*	*
增资后每股收益(元)	0.315	(B)

说明：表中“*”表示省略的数据。

【实训任务一】

1. 根据资料一计算亚希公司 2×20 年的财务杠杆系数。

2. 确定表中用字母表示的数值(不需要列示计算过程)。

3. 计算甲、乙两个方案每股收益无差别点对应的息税前利润。

4. 用每股收益分析法判断应采取哪个方案，并说明理由。

【实训资料二】

明达公司目前资本结构为：总资本 1 000 万元，其中债务资金 400 万元（年利息 40 万元）；普通股资本 600 万元（600 万股，面值 1 元，市价 5 元）。

企业由于扩大经营规模，需要追加筹资 800 万元，所得税税率 25%，不考虑筹资费用因素。公司财务部门拟定了三种筹资方案：

甲方案：增发普通股 200 万股，每股发行价 3 元；同时向银行借款 200 万元，利率保持原来的 10%。

乙方案：增发普通股 100 万股，每股发行价 3 元；同时溢价发行 500 万元面值为 300 万元的公司债券，票面利率 15%。

丙方案：不增发普通股，溢价发行 600 万元面值为 400 万元的公司债券，票面利率 15%；由于受债券发行数额的限制，需要补充向银行借款 200 万元，利率 10%。

【实训任务二】

1. 计算甲、乙、丙三种方案每股收益无差别点对应的息税前利润。

2. 运用每股收益分析法为公司进行筹资方案的选择，并说明理由。

（三）公司价值比较法实训

【实训资料】

天天公司是一家上市公司，适用的企业所得税税率为 25%，当年息税前利润为 900 万元，预计未来年度保持不变。为简化计算，假定净利润全部分配，债务资本的市场价值等于其账面价值，确定债务资本成本时不考虑筹资费用。证券市场平均收益率为 12%，无风险收益率为 4%，两种不同的债务水平下的税前利率和 β 系数如表 5.8 所示。公司价值和平均资本成本如表 5.9 所示。

表 5.8　　不同债务水平下的税前利率和 β 系数

债务账面价值（万元）	税前利率	β 系数
1 000	6%	1.25
1 500	8%	1.50

表 5.9　　　　公司价值和平均资本成本

债务市场价值（万元）	股票市场价值（万元）	公司总价值（万元）	税后债务资本成本	权益资本成本	平均资本成本
1 000	4 500	5 500	(*A*)	(*B*)	(*C*)
1 500	(*D*)	(*E*)	*	16%	13.09%

注：表中的“*”表示省略的数据。

【实训任务】

1. 确定表 5.9 中英文字母代表的数值（不需要列示计算过程）。

2. 依据公司价值比较法，确定上述两种债务水平的资本结构哪种更优，并说明理由。

六、资本结构综合实训

【实训案例一】

韩国大宇破产案

韩国大宇集团是金宇中先生于 1967 年靠借来的 10 000 美元创立的。1997 年，美国《财富》杂志将带领大宇集团的金宇中评为当年“亚洲风云人物”。然而，在大宇集团全球化经营风光无限的背后，却是企业的大举借债，这个庞然大物逐步踏上了靠借债度日的不归路。1999 年 7 月，大宇集团宣布因负债 800 亿美元而破产，这是韩国当时历史上金额最大的一笔企业破产案。

1997 年年底韩国发生金融危机，根据财务杠杆原理，为了降低财务风险，企业应该减少利息支出，而要减少利息支出就必须偿还债务。其他企业开始变卖资产偿还债务，以降低财务杠杆系数（即降低财务风险）。大宇集团非但不减少债务，而且发行了大量债券，增加了它的财务负担，更增加了财务风险。此时，它的借款利率已经远大于其资产利润率。1998 年其债务危机已经初露端倪，1999 年前几个月其资产负债率仍然居高不下，1999 年 7 月该集团被韩国 4 家债权银行接管，一度辉煌的大宇集团实质上已经倒闭。可见此时，大宇集团的举债经营所产生的财务杠杆效应是消极的，它不仅未能提高企业的盈利能力，反而因巨大的偿付压力使企业陷入难以自拔的财务困境。

大宇集团在政府政策和银行信贷的支持下，走的是一条“举债经营”之路。试图通过大规模举债，达到大规模扩张的目的，最后实现“市场占有率至上”的目标。由于经营不善，加上资金周转困难，举债不仅没有提高企业的盈利能力，并且使公司的总资产利润率小于利率，巨大的偿付压力使企业陷入无法解脱的财务困境。

【实训任务一】

1. 结合大宇公司案例，分析导致大宇公司破产的主要原因。

2. 结合大宇公司案例，你认为应如何合理运用财务杠杆？

【实训资料二】

苏宁云商资本结构调整

苏宁云商曾名为苏宁电器，是中国商业企业新经营模式的领先者，著名的民营企业，在2013年的中国民营企业排行榜中位列第1位。其线上线下的融合发展模式引领零售商业的发展新趋势。

2013年2月19日，企业名称由原来的“苏宁电器股份有限公司”变更为“苏宁云商集团股份有限公司”，这体现了苏宁经营战略的转型。目前苏宁具有线上线下两大开放平台（连锁店面平台和电子商务平台）、三大经营事业（实体产品、内容平台和服务产品）、八大事业部（网购、移动购物、本地生活、商旅、金融产品、数字应用、云产品和物流）、60个大区的苏宁云商新架构。

苏宁云商资产负债率一直处于较低位置，并呈现下降的趋势，直至最低点的4.76%，之后呈现出缓慢的上升趋势，2012年之前其一直为行业中倒数第二，直到2013年上升至第三位，而国有企业平均资产负债率则基本稳定，在2011年前后几乎没有任何变化，说明未受到行业竞争度影响。伴随着行业竞争度的加大，苏宁云商与国有企业的平均资产负债率之差越来越小。近年来苏宁云商资产负债率如表5.10所示。

表5.10　　苏宁资产负债率对比

公司名称	2009年	2010年	2011年	2012年	2013年
苏宁云商	16.84%	29.51%	24.35%	4.76%	7.05%
鄂武商A	19.73%	32.75%	20.85%	17.02%	13.02%
武汉中商	6.40%	10.12%	10.80%	2.34%	2.63%

续表

公司名称	2009 年	2010 年	2011 年	2012 年	2013 年
大商股份	12.27%	15.03%	24.90%	4.79%	5.93%
国美电器	−7.02%	19.32%	17.50%	−14.58%	10.38%
银泰商业	28.38%	45.59%	36.20%	25.34%	15.43%

由表 5.10 可知，在预期未来行业竞争度增大时，民营企业会提前降低资产负债率做好应战准备，而当大规模竞争爆发时，则会将资产负债率提升回正常值甚至更高。而国有企业资产负债率对于行业竞争度则没有明显的反映。

2011 年 3 月之前，电商处于稳定成长期，各大公司都在积攒能量，蓄势待发。苏宁云商降低负债率，使公司更加稳定安全，远离破产风险，同时为应对竞争做好准备。2011 年行业混战来临，苏宁随即进行了大量外部融资，以应对竞争。

近年来苏宁云商的外部融资情况如表 5.11 所示。

表 5.11　　苏宁云商的外部融资情况

事件时间	融资方式	融资规模(万元)
2004 年 7 月 2 日	IPO 股权融资	39 460.21
2006 年 6 月 22 日	定向增发	119 502
2006 年 7 月 31 日	银行长期贷款	80 000
2008 年 5 月 22 日	增发新股	242 005.55
2009 年 12 月 30 日	增发新股	300 000
2012 年 7 月 7 日	增发新股	463 309.28
2013 年 1 月 24 日	公司债券	450 000
2013 年 12 月 9 日	公司债券	350 000
2013 年 12 月 25 日	银行长期贷款	67 277.1

由表 5.11 可知，2011 年行业大规模竞争前苏宁进行了 4 次股权融资，1 次长期银行贷款融资，没有进行债券融资，融资总额 98.1 亿元。之后进行了 2 次大规模的债权融资，1 次股权融资以及 1 次长期银行贷款，融资总额 133.03 亿元。苏宁于 2012 年 8 月 13 日公告拟发行 80 亿元的公司债(已于 2013 年发行成功)，分两次发行。之所以选择发行公司债券，苏宁副总裁任峻称，这是因为融资成本更低，经过内部测算，即使发行 80 亿元公司债券，公司的负债率也将低于 60%，并不算高。近年来苏宁盈利指标数据如表 5.12 所示。

由表 5.12 可知，苏宁云商获利能力很强，每股收益、销售利润率以及净资产收益率都居行业高位，而且净资产收益率一直在 20%以上，符合连续三年 10%以上的配股要求。这些应对行业竞争的行动都是建立在之前良好现金财务状况基础上的，当行业激烈竞争到来时，苏宁拥有充裕的现金流，可以按照预计的策略实施投资和产业转型方案。

表 5.12　　苏宁盈利指标数据对比

每股收益（*EPS*）（单位：元）	苏宁云商	0.74	0.64	0.57	0.69
	鄂武商 A	0.36	0.47	0.58	0.65
	武汉中商	0.15	0.21	0.27	0.32
	大商股份	0.79	−0.40	0.41	0.93
	国美电器	0.08	0.10	0.13	0.11
	银泰商业	0.21	0.26	0.39	0.43
销售利润率（*ROS*）（单位：%）	苏宁云商	4.53	5.13	5.44	5.20
	鄂武商 A	4.14	4.00	3.59	3.50
	武汉中商	0.90	1.60	2.09	2.31
	大商股份	1.27	−0.43	0.42	0.93
	国美电器	3.34	4.29	4.93	4.14
	银泰商业	38.86	36.43	40.46	36.22
净资产收益率（*ROE*）（单位：%）	苏宁云商	24.73	19.88	21.88	21.59
	鄂武商 A	14.15	16.91	17.16	16.24
	武汉中商	6.97	8.57	10.07	11.18
	大商股份	7.42	−3.87	3.73	7.74
	国美电器	12.84	12.08	13.31	11.29
	银泰商业	11.09	13.03	13.21	13.10

综上所述，在传统商业百货企业向电子商务或O2O行业转型的过程中，新业态对于传统业态带来的激烈竞争，关系到企业的生死存亡，迫使行业内企业采取各种策略以应对。苏宁云商采用低资产负债率经营，既可应对行业竞争，亦可维护自身的财务弹性、保留扩张能力，这都符合产业竞争的资本结构理论。

苏宁的案例说明，在行业竞争和产业转型的过程中，民营企业预见到了竞争和发展的趋势变化，提前在资本结构上进行了战略调整，这一案例体现了竞争优势和财务弹性理论在解释企业资本结构上的意义。

【实训任务二】

1. 请评价苏宁云商的筹资策略。

2. 请评价苏宁云商的资本结构。

项目六　投资管理实训

一、实训目的及要求

(一)实训目的

掌握项目投资的现金流量、项目投资决策的财务评价指标的含义及计算，熟悉项目投资的投资决策分析，熟悉证券投资的财务评价指标的含义、计算与分析。

(二)实训要求

通过项目投资案例分析，引导学生对项目投资的现金流量及项目投资决策的财务评价指标进行计算和分析，能够进行初步的项目投资决策；通过证券投资案例分析，引导学生对证券投资的相关财务评价指标进行计算和分析，能够进行初步的证券投资决策。

本项目的实训要求与职业能力目标如表 6.1 所示。

表 6.1　　**实训要求与职业能力目标**

实训项目	实训要求	职业能力目标
项目投资	1. 掌握项目投资的现金流量概念 2. 掌握投资决策的财务指标概念 3. 能够进行初步的项目投资决策	1. 理解能力 2. 计算分析能力 3. 决策判断能力
证券投资	1. 熟悉股票和债券价值的概念 2. 掌握内部收益率指标概念 3. 能够运用指标进行相关决策	1. 理解能力 2. 计算分析能力 3. 决策判断能力

二、实训知识要点回顾

(一)项目投资的现金流量的含义、构成及计算

1. 现金流量的含义

现金流量,是指一项长期投资方案所引起的,在未来一定期间所发生的现金收支。所谓的现金既指库存现金、支票、银行存款等货币性资产,也可以指相关非货币性资产(如原材料、设备等)的变现价值。

一般情况下,投资决策中的现金流量通常指现金净流量(*NCF*)。

2. 项目投资的现金流量的构成

按照投资项目不同生命周期,可以划分为初始现金流量、营业现金流量和终结现金流量,具体见表 6.2。

表 6.2　现金流量分类

现金流量	内　容
初始现金流量	投资前期费用、设备购置费用、设备安装费用、建筑工程费、垫支营运资本、固定资产变价净收入等
营业现金流量	经营期内的现金流入、现金流出
终结现金流量	残值变现收入、垫支营运资金回收等

(1)不考虑所得税的现金净流量

不考虑所得税的现金净流量如表 6.3 所示。

表 6.3　不考虑所得税的现金净流量

生命周期类型	现金净流量的构成
投资期	*NCF*=−(长期资产投资+垫支营运资金)
营业期	*NCF* =营业收入−付现成本 =利润+非付现成本
终结期	*NCF*=回收固定资产变价净收入+回收垫支营运资金

(2)考虑所得税的现金净流量

考虑所得税的现金净流量如表 6.4 所示。

表 6.4　　考虑所得税的现金净流量

生命周期类型	现金净流量的构成
投资期	NCF＝－(长期资产投资＋垫支营运资金)
营业期	NCF ＝营业收入－付现成本－所得税 ＝税后营业利润＋非付现成本 ＝收入×(1－税率)－付现成本×(1－税率)＋非付现成本×税率
终结期	NCF＝回收固定资产变价净收入＋回收垫支营运资金＋税负损益 注:税负损益＝(账面价值－变价净收入)×所得税税率

(二)项目投资财务评价指标

1. 静态评价指标

静态评价指标即不考虑时间价值的指标,又称非贴现指标,主要有投资回收期和平均报酬率,具体比较如表 6.5 所示。

静态回收期(*PP*)是指没有考虑货币时间价值,直接用未来现金净流量累计到原始投资数额时所经历的时间作为回收期。

平均报酬率(*ARR*)指投资项目寿命周期内平均的年投资报酬率。

表 6.5　　静态评价指标的分类

指　标	静态回收期	平均报酬率
计算公式	(1)未来每年现金净流量相等时 $静态回收期=\frac{原始投资额}{每年现金净流量}$ (2)未来每年现金净流量不相等时 $静态回收期=M+\frac{第M年尚未收回的投资额}{第M+1年的现金净流量}$	$平均报酬率=\frac{平均现金流量}{原始投资额}$
决策原则	小于基准投资回收期,项目可行 回收期越短,方案越优	大于基准平均报酬率,项目可行 平均报酬率越高,方案越优
优缺点	优点:计算简便,易于理解,可以大体上衡量风险 缺点:没有考虑货币的时间价值	优点:简明、易算、易懂 缺点:没有考虑资金时间价值因素,必要平均报酬率的确定具有很大主观性

2. 动态评价指标

动态评价指标即考虑货币时间价值的指标,又称贴现指标,主要有净现值、获利指数、内含报酬率和动态回收期等。

净现值(*NPV*)指在某一个投资项目,其未来现金净流量的现值与原始投资额现值之间的差额。

获利指数(*PI*)也称现值指数,是指投资项目未来现金净流量现值与原始投资额现值的比值。

内含报酬率(*IRR*)是指对投资方案未来每年现金净流量进行贴现,使得累计现金净流量现值与原始投资额现值相等时，净现值为零的折现率。

动态回收期指考虑到货币时间价值，以未来现金净流量的现值等于原始投资额现值时所经历的时间为动态回收期。

注意：当动态评价指标得出的决策结论与静态评价指标得出的决策结论相冲突时，以动态评价指标为准。当动态评价指标之间得出结论相冲突时，以净现值指标（NPV）为最终决策依据。具体见表6.6。

表6.6　动态评价指标的分类

指　标	净现值	获利指数
计算公式	NPV＝未来现金流量现值－原始投资额现值	$PI=\dfrac{\text{未来现金净流量现值}}{\text{原始投资额现值}}$
决策原则	净现值≥0，方案可行 净现值越大，方案越优	获利指数≥1，方案可行 获利指数越大，方案越优
优缺点	优点：考虑了货币的时间价值，能够反映各投资方案的净收益 缺点：不能揭示各个投资方案本身可能达到的实际报酬率	优点：考虑了资金的时间价值，真实地反映投资项目的盈利能力 缺点：无法反映项目内在的真实的报酬率
指　标	内含报酬率	动态回收期
计算公式	（1）未来每年现金净流量相等时，利用插值法计算内含报酬率 $\text{年金现值系数}=\dfrac{\text{原始投资额现值}}{\text{每年现金净流量}}$ （2）未来每年现金净流量不相等时，采用逐次测算法计算内含报酬率	（1）未来每年现金净流量相等时，利用插值法计算回收期 $\text{动态回收期}=\dfrac{\text{原始投资额现值}}{\text{每年现金净流量}}$ （2）未来每年现金净流量不相等时，回收期为： $M+\dfrac{\text{第}M\text{年的尚未回收额的现值}}{\text{第}M+1\text{年的现金净流量的现值}}$
决策原则	大于企业的资本成本或期望的报酬率，方案可行 内含报酬率越高，方案越优	小于基准投资回收期，项目可行 回收期越短，方案越优
优缺点	优点：考虑了资金的时间价值，反映投资项目的真实报酬率 缺点：计算过程较为复杂	优点：易于理解，可以大体上衡量风险 缺点：计算过程较为复杂

（三）项目投资决策

项目投资决策主要涉及以下四种决策：固定资产更新决策、资本限额投资决策、投资时机选择决策、投资期选择决策，具体比较见表6.7。

表 6.7　　项目投资决策方法

决策类型	决策的实质	决策的指标
固定资产更新决策	判断是否要进行固定资产的更新或改良	1. 投资项目寿命期相同时 差量分析法 2. 投资项目寿命期不同时 (1)最小公倍寿命期法下的净现值 (2)年均净现值法
资本限额投资决策	在资本限额情况下,选择使净现值达到最大的投资组合	获利指数法和净现值法
投资时机选择决策	确定开始投资的最佳时期	净现值法
投资期选择决策	判断延长或缩短投资期	差量分析法

(四)证券投资的财务评价指标

1. 股票投资的主要财务评价指标

(1)股票的价值

股票价值即股票的内在价值、理论价格,是指投资于股票预期获得的未来现金流量的现值。股票给持有者带来的未来收益一般是以股利的形式出现的,因此可以说股利决定了股票价值。

决策规则:股票价值高于股票购买价格的股票是值得购买的。

股票估价模式及计算见表 6.8。

表 6.8　　股票估价模式及计算

模　式	计算公式
固定增长模式	$V_S = \dfrac{D_1}{R_S - g}$
零增长模式	$V_S = \dfrac{D}{R_S}$
阶段性增长模式	$V_S =$ 股利高速增长阶段现值 + 股利固定不变或正常增长阶段现值 ① 计算高速增长阶段(前 m 年)股利的现值:$V_0 = \sum_{t=1}^{m} \dfrac{D_0(1+g)^t}{(1+R)^t}$ ② 计算正常增长股利阶段在第 m 年年末的现值:$V_m = \dfrac{D_{(m+1)}}{R_S - g}$ ③ 计算该股票的价值:$V_S = V_0 + V_m \times (P/F, R_S, m)$

(2)股票的内部收益率

定义:使得股票未来现金流量贴现值等于目前的购买价格时的贴现率。

决策规则是:股票的内部收益率高于投资者所要求的最低报酬率时,投资者才愿意购买该股票。

①若永久持有,不准备出售,如表 6.9 所示。

表 6.9　　股票内部收益率

模　式	计算公式
固定增长模式	$R=\frac{D_1}{P_0}+g$
零增长模式	$R=\frac{D}{P_0}$
阶段性增长模式	$NPV=\sum_{t=1}^{n}\frac{D_t}{(1+R)^t}-P_0=0$ 利用逐步测试法,结合内插法求净现值为 0 的贴现率

② 若有限期持有,未来准备出售:

$$NPV=\sum_{t=1}^{n}\frac{D_t}{(1+R)^t}+\frac{P_t}{(1+R)^n}-P_0=0$$

利用逐步测试法,结合内插法来求净现值为 0 的贴现率。

所有上式中,D 为股利,P_0 为购买价格,P_t 为出售价格。

2. 债券投资的主要财务评价指标

(1) 债券的价值

定义:债券的价值也称为债券的理论价格,指将债券投资未来收取的利息和收回的本金折为现值。其计算公式为:

$$V_b=\sum_{t=1}^{n}\frac{I_t}{(1+R)^t}+\frac{M}{(1+R)^n}$$

式中,V_b 表示债券的价值,I 表示债券各期利息,M 表示债券的面值,R 表示债券评估所采用的贴现率。

决策规则:只有债券价值大于其购买价格时,该债券才值得投资。

(2) 债券的内部收益率

定义:债券的内部收益率是指按当前市场价格购买债券并持有至到期日或转让日,所产生的预期报酬率。

决策规则:债券的内部收益率高于投资者所要求的最低报酬率时,投资者才愿意购买该债券。

① 若准备持有到期:

$$NPV=\sum_{t=1}^{n}\frac{I_t}{(1+R)^t}+\frac{M}{(1+R)^n}-P_0=0$$

② 若准备出售:

$$NPV=\sum_{t=1}^{n}\frac{I_t}{(1+R)^t}+\frac{P_t}{(1+R)^n}-P_0=0$$

利用逐步测试法,结合内插法来求净现值为 0 的贴现率。

另:简便算法(不考虑时间价值,近似估计):

$$R=\frac{I+(B-P)/N}{(B+P)/2}\times 100\%$$

式中，P 表示当前购买价格，B 表示出售时预计售价或到期时债券偿还本金，N 表示持有期限。

三、项目投资实训

【实训资料一】

目前，宇达公司有一个项目投资计划，该项目投资建设期为 2 年，预计需固定资产投资 800 万元，分两年在每年年初等额投入。建成投产之时，预计向生产部门投入 300 万元的营运资金，以满足日常经营活动需要。

营业期为 5 年，市场部门估计各年销售量均为 50 000 件，单价 300 元/件，财务部门估计每年固定成本为(不含折旧)50 万元，变动成本为每件 200 元。固定资产折旧采用直线法，折旧年限为 5 年，估计净残值为 50 万元。

项目期满时，垫支营运资金全额收回。公司所得税税率为 25%。

【实训任务一】

1. 根据以上资料，编制完成宇达公司投资项目营业现金流量表(表 6.10)。

表 6.10 　　宇达公司投资项目营业现金流量表　　单位：万元

项　目	0	1	2	3	4	5	6	7
销售收入								
付现成本								
其中：固定成本								
变动成本								
折旧费用								
税前利润								
所得税								
税后净利								
营运净现金流量								

2. 根据以上资料，编制完成宇达公司投资项目现金流量表(表 6.11)。

表 6.11 　　宇达公司投资项目现金流量表　　单位：万元

项　目	0	1	2	3	4	5	6	7
固定资产投资								
营运资金垫支								
营运净现金流量								

续表

项　目	0	1	2	3	4	5	6	7
固定资产残值								
营运资金收回								
现金流量合计								

【实训资料二】

蓝图手机制造厂是生产手机的中型企业，该厂生产的手机质量优良，价格合理，长期以来供不应求。为扩大生产能力，厂家准备新建一条生产线，行业基准贴现率为10%。负责投资决策工作的总会计师提供了四个方案可供选择，经测算相关的现金净流量数据如表6.12所示。

表6.12　项目现金净流量数据　单位：万元

方案	0	1	2	3	4	5	6	9	8	合计
A	－1 050	－50	500	450	400	350	250	150	100	1 100
B	－550	－550	275	275	275	275	275	275	275	1 100
C	－1 100	0	275	275	275	275	275	275	275	1 100
D	－1 100	275	275	275	275	275	275	275	—	1 100

【实训任务二】

1. 计算A方案包括建设期的静态投资回收期。

2. 计算B方案包括建设期的静态投资回收期。

3. 计算C方案的净现值。

4. 计算D方案的内含报酬率。

5. 计算D方案的动态投资回收期。

【实训资料三】

大华股份有限公司是一家机械制造企业，面临日益竞争的市场，公司为了节约成本支出，提升运营效率和盈利水平，打算对正在使用的一条旧生产流水线予以更新。目前公司使用的所得税税率为25%，要求的最低收益率为10%。经相关会计人员初步预估和测算，新旧生产流水线数据资料如表6.13所示。

表6.13　　新旧生产流水线数据

项　目	使用旧流水线	购置新流水线
固定资产原值(万元)	22 500	24 000
预计使用年限(年)	10	10
已使用年限(年)	4	0
尚可使用年限(年)	6	10
税法残值(万元)	2 500	3 000
最终报废残值(万元)	2 000	3 000
目前变现价值(万元)	9 500	24 000
年运行成本(万元)	10 000	7 500

【实训任务三】

1. 计算与购置新流水线相关的指标：

(1)税后年运行成本；(2)每年折旧抵税；(3)残值变价收入；(4)残值净收益纳税；(5)第1～10年的现金净流量；(6)年均净现值。

2. 计算与使用旧流水线相关的指标：

(1)目前账面价值；(2)目前资产报废损益；(3)目前资产报废损益对所得税的影响；(4)残值报废损失减税。

3. 已知使用旧流水线的相关流量的净现值为－40 037.54万元，是否要进行固定资产更新？说明理由。

四、证券投资实训

【实训资料一】

蓝田公司目前有一笔长期资金闲置，想购买一只股票进行证券投资，所要求的投资必要报酬率为10%。

目前有A公司、B公司、C公司股票可供选择，相关资料如下：

1. A公司股票现行市价为每股3元，上年每股股利为0.15元，预计以后每年以6%的增长率增长。

2. B公司股票现行市价为每股6.5元，上年每股股利为0.6元，股利分配政策将一贯坚持固定股利政策。

3. C公司股票现行市价为每股3.5元，上年每股股利为0.2元，预计该公司未来3年股利第一年增长14%，第二年增长14%，第三年增长5%，第四年以及后将保持每年2%的固定增长率水平。

【实训任务一】

1. 利用股票估价模型，分别计算A、B、C公司股票价值。

2. 假设你是蓝田公司的 CFO，请根据上述资料进行股票投资决策。

【实训资料二】

兴盛公司拟购买公司债券作为证券投资，打算长期持有至到期日，要求的必要报酬率为 6%。

现有三家公司债券可供选择，债券面值均为 1 000 元，期限为 5 年，其他相关资料如下：

1. D 公司债券的票面利率为 10%，每年付息一次，到期还本，债券发行价格为 1 100 元。

2. E 公司债券的票面利率为 8%，单利计息，到期一次还本付息，按复利折现，债券发行价格为 1050 元。

3. F 公司债券的票面利率为 0，债券发行价格为 800，到期按面值还本。

【实训任务二】

1. 计算 D 公司债券的价值。

2. 计算 E 公司债券的价值和内含报酬率。

3. 计算 F 公司债券的价值。

4. 根据上述计算结果，评价 D 公司、E 公司、F 公司是否具有投资价值，并为兴盛公司做出购买何种债券的决策。

五、投资管理综合实训

【实训资料一】

华天电子集团投资决策分析

华天电子集团坐落于甘肃省天水市，是我国最早研制和生产电子产品的企业之一，公司现有员工 2 000 多人，各类技术人员 1 290 多人，拥有各类设备 1 000 多台(套)，总资产达 15 亿元。

电子产业是目前全球化、市场化最为彻底的领域，而追逐高新的技术和低廉的成本是电子产业发展的必然趋势，只有拥有较高的产品品质和低廉的成本优势，才能在激烈的市场竞争中立于不败之地。华天公司为化解过剩产能，进一步优化产品结构，准备购置新的生产线，提高生产效率和生产质量。目前有三种投资项目可供选择，投资要求最低报酬率为 10%，其他有关资料如表 6.14 所示。

表 6.14　　**项目相关资料**

项　目	A 项目	B 项目	C 项目
原始投资额(万元)	1 000	1 800	1 800
每年 *NCF*(万元)	400	650	500
期限	5 年	5 年	8 年

【实训任务一】

1. 计算三个投资项目的各种决策指标，填入表 6.15 中。

表 6.15　　**投资项目的可行性指标**

指　标	A 项目	B 项目	C 项目
净现值(*NPV*)			
获利指数(*PI*)			
内含报酬率(*IRR*)			
年金净流量(*ANCF*)			

2. 假设华天电子集团有足够的资金准备投资于这三个投资项目，请问如何安排投资顺序？

3. 假设华天电子集团的初始投资限额为 4 000 万元，请问如何选择投资项目？

【实训资料二】

云大公司投资财务可行性分析

云大公司是生产电暖器的中型企业，该公司生产的电暖器质量优良，价格合理，近几年一直供不应求。

为扩大生产能力，该公司准备新建一条生产线。你是该公司投资部的工作人员，主要负责投资工作。该公司财务总监要求你收集建设新生产线的相关资料，写出投资计划书的财务评价报告，以供领导决策参考。

你经过半个月的调研，得出以下有关资料：

该生产线的初始投资为 57.5 万元，分两年投入。第一年初投入 40 万元，第二年初投入 17.5 万元。第二年可完成建设并正式投产。

投产后每年可生产电暖器 1000 台，每台销售价格为 800 元，每年可获得销售收入 80 万元。

投资项目预计可使用 5 年，5 年后的残值可忽略不计。

投资项目经营期内需垫支流动资金 15 万元，此资金在项目结束时可收回。

该项目生产的产品年总成本的构成情况如表 6.16 所示。

表 6.16　　产品成本明细

原材料	40 万元
工资费用	8 万元
管理费(不含折旧)	7 万元
折旧费	10.5 万元

你对本公司的各种资金来源进行了分析研究，得出公司综合资本成本率为 8%。该公司适用的所得税税率为 25%。

【实训任务二】

1. 请运用静态评价法和动态评价法等评价此项目。

2. 撰写投资计划书中的财务可行性分析部分(见表6.17),不少于500字。

表6.17　投资项目财务可行性分析

投资项目财务可行性分析

一、投资项目描述

(项目概况、经营产品、投资金额、投资项目所处市场环境等)

二、静态评价法分析

1. 投资回收期分析

2. 平均报酬率分析

三、动态评价法分析

1. 净现值分析

2. 现值指数分析

3. 内含报酬率分析

三、结论

投资分析员:

时间:

【实训资料三】

"股神"巴菲特的六大投资良策

巴菲特创造了前无古人的投资成绩，他的投资成绩每年平均复息增长 24%，保持达 30 多年之久。假如你在 1956 年将 1 万美元交给他，今天这笔钱已超过 1.4 亿美元，当中已扣除了所有税收和有关一切的交易费用。

20 多年来，由巴菲特主持的投资，有 28 年成绩跑赢标准普尔 500(S&P500)指数。大家不要以为标普表现不济，事实上该指数过去的回报，保持在 10%左右复息增长，这个投资成绩比很多基金的表现还要优胜；对大部分投资者来说已是非常满意的数字了。但是巴菲特的表现，抛离标普 500 一倍半在增长，真令人惊讶！真令人佩服。

现在巴菲特的投资王国以股票形式在纽约交易所挂牌，名为伯克希尔·哈撒韦(Berkshire Hathaway)，是全世界以每股计最贵的股票，时值每股 75 000 美元左右。不少人以拥有巴菲特公司的股票为身份的象征，以每年春天能前往奥马哈开股东大会为乐，以每年巴菲特撰写的年报为投资界的"圣经"。所以，巴菲特是世上最成功的投资者，股神之称，实至名归。

比起很多著名甚至取得诺贝尔奖的投资理论，如随机漫步理论(random walks)、有效市场假设(the efficient market hypothesis)和资本资产定价(capital assets pricing model)等学说，股神的投资理论要简单得多，而且多了些实用性，其精髓在于挑选优良及价值(value)的股票买入(buy)，然后长期持有(hold)。

1. 集中投资

巴菲特的意见是把注意力集中在几家公司上，合理的数目是 10～15 家。如果投资者的组合太过分散，这样反而会分身不暇，弄巧反拙。

巴菲特认为要选出最杰出的公司，精力应用于分析它们的经济状况和管理素质上，然后买入长期都表现良好的公司，集中投资在它们身上。对于分散投资，股神说："分散投资是无知者的自我保护法，对于那些明白自己在干什么的人来说，分散投资是没什么意义的。"

2. 挑选价值股，不懂永不做

巴菲特的投资成绩，在 1999/2000 年度一度落后于大市，当时由于股神表示不懂科网、不懂电脑软件的未来发展和不懂半导体是什么而拒绝买入高科技股。有人更以此攻击股神，"老态龙钟"、"与时代脱节"和"风光不再"等评语都套用在他身上。

结果随着科网泡沫的破灭，再次证明股神是对的，这说明了股神只会买入自己能够了解的公司股票。

3. 战胜心魔，理性投资

很多研究都指出，决定一个投资者成败的关键之一是性格。

股神的心得是战胜自己内心的恐惧和贪婪。在经过深入了解和研究后，找到了买入股票的真正价值后，就不要理会它短期的价格波动。因为市场上充斥着太多不理性的投资者。远离市场(纽约)是股神的选择，这是为了"旁观者清"。巴菲特的理论是："设法在别人贪心的时候持谨慎恐惧的态度，相反当众人都小心谨慎时，要勇往直前。"事实上，短线的股价经常都不可理喻。

4. 长期持有

选中好的公司股票，不要随便因蝇头小利而卖去。只要该公司仍然表现出色，管理层稳定，就应该继续持有。股神说："如果你拥有很差的企业，你应该马上出售，因为丢弃它你才能在长期的时间里拥有更好的企业。但如果你拥有的是一家好公司股票，千万不要把它出售。"

5. 拒绝投机

股神从不相信消息，坚持独立思考。他说，即使联邦储备局主席格林斯潘在他耳边秘密告知未来利率去向也不会因此而改变任何投资计划。

6. 等待入市良机

股神近来总结归纳他的投资心得时指出：投资者不需要在市场上经常出没。在发掘好股票时，要等待好时机买入才能作长期持有的策略，这样胜算自然高。

【实训任务三】

请简要分析巴菲特的证券投资策略及对你的启示。

项目七　营运资金管理实训

一、实训目的及要求

（一）实训目的

掌握营运资金的概念及管理的要求；掌握现金管理、应收账款管理及存货管理的决策方法。

（二）实训要求

通过现金管理、应收账款管理及存货管理的实训案例分析，引导学生能够进行最佳现金持有量、应收账款总成本及存货总成本的计算分析，并能够初步提出科学、合理的营运资金管理方法，提高学生的实际操作能力。

本项目的实训要求与职业能力目标如表 7.1 所示。

表 7.1　实训要求与职业能力目标

实训项目	实训要求	职业能力目标
现金管理	1. 熟悉营运资金的概念 2. 掌握各类现金持有量的构成 3. 能够进行现金的日常控制	1. 理解能力 2. 计算分析能力 3. 管理决策能力
应收账款管理	1. 熟悉应收账款成本的构成 2. 掌握应收账款的信用政策 3. 能够进行应收账款的日常控制	1. 理解能力 2. 计算分析能力 3. 管理决策能力
存货管理	1. 熟悉存货成本的构成 2. 掌握存货规划的步骤 3. 能够进行存货的日常控制	1. 理解能力 2. 计算分析能力 3. 管理决策能力

二、实训知识要点回顾

（一）营运资金的主要内容

1. 营运资金的概念

营运资金是指在企业生产经营活动中占用在流动资产上的资金。广义上指一个企业流动资产的总额，狭义上指流动资产减去流动负债后的余额。

2. 营运资金的管理原则

(1)保证合理的资金需求；

(2)提高资金使用效率；

(3)节约资金使用成本；

(4)保持足够的短期偿债能力。

3. 营运资金管理策略

营运资金管理策略的种类及特点如表 7.2 所示。

表 7.2　管理策略的种类及特点

种　类	特　点				
	与销售收入比率	风险	持有成本	短缺成本	盈利水平
紧缩的持有政策	维持低水平	较高	较低	较高	较高
宽松的持有政策	维持高水平	较低	较高	较低	较低
适中的持有政策	居中	居中	居中	居中	居中

（二）现金管理

1. 持有现金的动机

持有现金的动机包括交易性需求、预防性需求和投机性需求，其含义如表 7.3 所示。

表 7.3　动机的分类及定义

动　机	含　义
交易性需求	企业为了维持日常周转及正常商业活动所需持有的现金额
预防性需求	企业需要维持充足现金，以应付突发事件
投机性需求	企业为了抓住突然出现的获利机会而持有的现金

2. 现金持有量决策

(1)概念

最佳现金持有量又称为最佳现金余额，是指现金满足生产经营的需要，又使现金使用的效率和效益最高时的现金最低持有量。即能够使现金管理的机会成本与转换成本之和保持最低的现金持有量。

(2)分类

表 7.4、表 7.5、表 7.6 列示了不同模式下现金持有量的决策。

表 7.4 成本模式

相关成本	含 义	与现金持有量的关系
机会成本	因持有一定现金余额而丧失的再投资收益	正相关
管理成本	因持有一定数量的现金而发生的管理费用	一般为固定成本
短缺成本	现金持有量不足而又无法及时通过有价证券变现加以补充而给企业造成的损失	负相关
决策原则:最佳现金持有量=min(管理成本+机会成本+短缺成本)		

表 7.5 存货模式

相关成本	机会成本	交易成本
与现金持有量的关系	正相关	负相关
基本原理	两种成本合计最小的条件下的现金余额即为最佳现金余额	
基本计算公式	机会成本=平均现金持有量×持有现金的机会成本率=$\frac{C}{2}\times K$ 交易成本=交易次数×每次交易成本=$\frac{T}{C}\times F$ 最佳现金持有量 $C^*=\sqrt{\frac{2\times T\times F}{K}}$ 最小相关总成本 $TC=\sqrt{2\times T\times F\times K}$	

表 7.6 随机模式

相关成本	机会成本	交易成本
与现金持有量的关系	正相关	负相关
基本原理	企业根据历史经验和现实需要,测算出一个现金持有量的控制范围,即制定出现金持有量的上限和下限,将现金量控制在上下限之内	
基本计算公式	最低控制线(L):综合考虑短缺现金的程度、企业借款能力、企业日常周转所需资金、银行要求的补偿性余额等 回归线(R):$R=\sqrt[3]{\frac{3b\times\delta^2}{4i}}+L$ 最高控制线(H):$H=3R-2L$	

3. 现金的日常控制

有效的现金管理方法包括现金流同步化、合理估计“浮存”、实行内部牵制制度、及时进行现金清理。

(二)应收账款管理

1. 应收账款的成本

表7.7列出了应收账款成本的分类及计算。

表7.7　应收账款成本的分类及计算

分　类	计算公式
机会成本	应收账款占用资金的应计利息＝应收账款占用资金×资本成本 ＝应收账款平均余额×变动成本率×资本成本 ＝日销售额×平均收现期×变动成本率×资本成本 ＝全年变动成本/360×平均收现期×资本成本
管理成本	调查客户的资信费用、收集各种信息费用、账簿的记录费用、收账费、其他费用等
坏账成本	应收账款的坏账成本＝赊销额×预计坏账损失率

2. 应收账款信用政策的制定

(1)应收账款信用政策的主要内容

应收账款信用政策的主要内容如表7.8所示。

表7.8　应收账款信用政策

内　容	含　义
信用标准	信用标准是指信用申请者获得企业提供信用所必须达到的最低信用水平，通常以预期的坏账损失率作为判别标准
信用条件	信用条件是销货企业要求赊购客户支付货款的条件，包括信用期限、折扣期限和现金折扣三个要素组成
收账政策	收账政策是指信用条件被违反时，企业采取的收账策略

(2)应收账款信用政策决策

应收账款信用政策决策方法及步骤如表7.9所示。

表7.9　应收账款信用政策决策方法及步骤

总量法	增量法
1. 计算各个方案的盈利 盈利＝销售收入－变动成本－固定成本 ＝销售量×单位边际贡献－固定成本	1. 计算盈利的增加 盈利的增加＝增加的销售收入－增加变动成本－增加固定成本 ＝销售量的增加×单位边际贡献－固定成本
2. 计算各个方案实施信用政策的成本费用 (1)计算应收账款机会成本 (2)计算坏账费用和坏账损失 (3)计算折扣成本 折扣成本＝赊销额×折扣率×享受折扣客户比率	2. 计算实施信用政策的成本费用增加 (1)计算应收账款机会成本 (2)计算坏账费用和坏账损失增加 (3)计算折扣成本增加

续表

总量法	增量法
3. 计算各方案税前损益 税前损益＝盈利－成本费用	3. 计算改变信用政策增加的税前损益 税前损益的增加＝盈利增加－成本费用增加
决策原则:选择税前损益最大的方案	决策原则:如果改变信用政策增加的税前损益大于0,可以改变

(3)应收账款的日常控制

应收账款的日常控制内容及方法如表7.10所示。

表7.10　应收账款的日常控制内容及方法

内　容	方　法
企业的信用调查	直接调查和间接调查
企业的信用评估	5C评估法和信用评分法
监控应收账款	账龄分析表和应收账款平均账龄
催收拖欠款项	信件、电话、个人拜访、收款机构、诉讼程序等

(三)存货管理

1. 存货的成本

存货成本的分类及计算如表7.11所示。

表7.11　存货成本的分类及计算

<table>
<tr><th colspan="3">分　类</th><th>计　算</th></tr>
<tr><td rowspan="3">取得成本</td><td colspan="2">购置成本</td><td rowspan="3">$TC_a = A\times U + F_1 + \frac{A}{q}K$</td></tr>
<tr><td rowspan="2">订货成本</td><td>固定订货成本</td></tr>
<tr><td>变动订货成本</td></tr>
<tr><td rowspan="2">储存成本</td><td colspan="2">固定储存成本</td><td rowspan="2">$TC_c = F_2 + K_c\frac{q}{2}$</td></tr>
<tr><td colspan="2">变动储存成本</td></tr>
<tr><td>缺货成本</td><td colspan="3">TC_S＝停工损失＋拖欠发货损失＋丧失销售机会损失＋紧急额外购入成本</td></tr>
</table>

公式中:A为存货年需要量,U为单价,q为每次进货量,K为变动订货成本,F_1为固定订货成本,F_2固定储存成本。

2. 存货规划

(1)经济批量模型

经济订货量是使存货总成本最低的进货批量。只有变动成本才是经济批量决策时的相关成本,主要包括:变动订货成本、变动储存成本。

前提假设：

①存货总需求量是已知常数；

②订货提前期是常数；

③货物是一次性入库；

④单位货物成本为常数，无批量折扣；

⑤库存储存成本与库存水平呈线性关系；

⑥货物是一种独立需求的物品，不受其他货物影响；

⑦不允许缺货，即无缺货成本，TC 为零。

基本公式：

$$经济订货量 Q=\sqrt{\frac{2\times 存货需求总量 A\times 订货成本 F}{储存成本 C}}$$

$$订货次数 N=\frac{存货需求总量 A}{经济订货量 Q}$$

$$与批量有关的存货总成本 TC(Q^{*})=\sqrt{2\times 存货需求总量 A\times 订货成本 F\times 储存成本 C}$$

(2)再订货点

再订货点是指企业再次发出订货单时应保持的存货库存量。

计算公式：

$$再订货点 R=nt=交货时间\times 每日平均需用量$$

(3)保险储备

保险储备是指为了防止存货使用量突然增加或者交货期延误等不确定情况所持有的存货储备。

基本公式：

$$S=\frac{1}{2}(mr-nt)$$

保险储备：

$$R=nt+S=\frac{1}{2}(mr+nt)$$

考虑保险储备的再订货点：

与保险储备相关总成本：

$$\begin{aligned} T &= 缺货损失+保险储备的储存成本 \\ &= 每年订货次数\times 缺货数量\times 缺货概率\times 单位缺货损失 \\ &\quad +保险储备\times 单位存货的年变动储存成本 \end{aligned}$$

确定原则：缺货损失和保险储备的储存成本之和最低时为最佳保险储备量。

3. 存货控制

(1)归口分级控制。指按照使用资金和管理资金相结合、物资管理和资金管理相结合的原则，将存货资金定额按照各职能部门所涉及的业务归口管理，各个职能部门再将资金定额计划层层分解到车间、班组乃至个人，实行分级管理控制的方法。

(2)ABC分类管理。ABC分类管理是按照一定的标准，将企业的存货按其重要程度划分为A、B、C三类，分别实行品种重点管理、分类别一般控制和按总额灵活掌握的存货管理方法。其本质是在坚持“保证重点，照顾一般”原则的基础上进行重点控制。对存货进行分类的标准主要有两个：一是金额标准；二是品种数量标准。其中金额标准是最基本的，品种数量标准一般作为参考。

(3)适时制管理。适时制管理是指企业在生产经营过程中努力实现经营需要与存货供应同步，存货传送与存货消耗同步，使存货库存最小化的方法。这种方法能有效降低存货资金的占用，提高流动资金的使用效率。

三、现金管理实训

【实训资料】

蓝田公司根据预测有四种现金持有方案，各方案有关成本资料如表7.12所示。

表7.12 现金持有成本资料 单位：元

项　目	甲	乙	丙	丁
现金持有量(平均)	40 000	50 000	60 000	70 000
现金的机会成本率	10%	10%	10%	10%
管理成本	3 000	3 000	3 000	3 000
短缺成本	2 000	3 000	1 000	500

宏利公司现金收支平衡，预计全年(按360天计算)现金需要量为25万元，现金与有价证券的交易成本为每次500元，有价证券年利率为10%。

白宇公司根据以往数据预测企业现金最低持有量为15万元，现金余额回归线为80万元，公司现有现金220万元。

【实训任务】

1. 计算蓝田公司的最佳现金持有量。

2. 计算宏利公司的下列指标：

(1)最佳现金持有量。

(2)最佳现金持有量下的年有价证券交易次数和有价证券交易间隔期。

(3)最佳现金持有量下的全年现金管理总成本、全年现金交易成本和全年现金持有机会成本。

3. 计算白宇公司应当投资于有价证券的金额。

四、应收账款管理实训

【实训资料一】

东方公司的年赊销收入为720万元,平均收账期为50天,坏账损失为赊销额的10%,年收账费用为5万元。该公司认为通过增加收账人员等措施,可以使平均收账期降为40天,坏账损失降为赊销额的7%。假设公司的资金成本率为10%,变动成本率为50%,一年按360天计算。

【实训任务一】

1. 计算新、旧方案下的机会成本和坏账损失。

2. 计算东方公司为使信用政策变更经济上合理,新增收账费用的上限。

【实训资料二】

文昌公司是一家制造类企业,产品的变动成本率为60%,一直采用赊销方式销售产品,信用条件为“N/60”。如果继续采用“N/60”的信用条件，预计当年赊销收入净额为1 000万元，坏账损失为20万元，收账费用为12万元。为扩大产品的销售，文昌公司打算调整应收账款政策，相关会计人员给出了两种方案：

方案一：将信用条件变更为“N/90”。在其他条件不变的情况下，预计当年赊销收入净额为1 100万元，坏账损失为25万元，收账费用为15万元。

方案二：将信用条件变更为“2/40，N/140”。在其他条件不变的情况下，预计当年赊销收入净额为1 100万元，坏账损失率预计为赊销额的3%，收账费用率预计为赊销额的2%。

假定等风险投资最低报酬率为10%，一年按360天计算，估计有50%的客户享受折扣，其余客户预计均于信用期满付款。

【实训任务二】

1. 计算实施方案一的信用条件后公司应收账款成本增加额。

2. 计算实施方案二的信用条件后公司应收账款成本增加额。

3. 文昌公司是否应改变信用条件？如改变信用条件，应选择何种方案？就此作出决策并说明理由。

五、存货管理实训

【实训资料一】

上海南风公司是亚洲地区的玻璃套装门分销商，套装门在香港生产然后运至上海。管理当局预计年度需求量为10 000套。套装门购进单价为395元(包括运费，单位是人民币，下同)。与订购和储存这些套装门相关的资料如下：

1. 去年订单共20份，总处理成本13 400元，其中固定成本11 000元，预计未来成本性态不变。

2. 虽然对于香港原产地商品进入内地已经免除关税，但是对于每一张订单都要经双方海关检查，其费用为260元。

3. 套装门从香港运抵上海后，接受部门要进行检查。为此雇用一名检验人员，每月支付工资3 000元，每个订单检验工作需要8小时，发生变动费用每小时5元。

4. 公司租借仓库来储存套装门，估计成本为每年2 500元，另外加上每套门3元。

5. 在储存过程中会出现破损，估计破损成本平均每套门24.50元。

6. 占用资金利息等其他储存成本每套门25元。

【实训任务一】

1. 计算经济批量模型中“每次订货变动成本”。

2. 计算经济批量模型中“单位变动存货储存成本”。

3. 计算经济订货批量。

4. 计算每年与批量相关的存货总成本。

【实训资料二】

信达公司是一家制造类企业，全年平均开工250天。为生产产品，全年需要购买A材料250 000件，该材料进货价格为150元/件，当一次采购量超过10 000件时，可给予2%的批量折扣，每次订货需支付运费、订单处理费等变动费用500元，材料的单位变动年储存成本为10元/件。A材料最大日消耗量为1 200件，最长收货时间为6天，平均交货时间为4天，该公司A材料满足经济订货基本模型各项前提条件。

【实训任务二】

1. 不考虑数量折扣,计算 A 材料的经济批量、经济批数和总成本。

2. 考虑数量折扣,计算 A 材料的经济批量。

3. 不考虑保险储备,计算 A 材料每日平均需用量和再订货点。

4. 考虑保险储备,计算 A 材料保险储备和再订货点。

六、营运资金管理综合实训

【实训资料一】

比亚迪公司应收账款的管理

比亚迪股份有限公司成立于 1995 年,分别在香港联合交易所及深圳证券交易所上市,主要从事以二次充电电池业务,手机、电脑零部件及组装业务为主的 IT 产业,以及包含传统燃油汽车及新能源汽车在内的汽车产业,并利用自身技术优势积极发展包括太阳能电站、储能电站、LED 及电动叉车在内的其他新能源产品。

比亚迪公司作为中国新能源车企中的龙头,公司业绩受益于国家对新能源汽车的扶持。对于传统燃油车的整车销售,比亚迪公司通常要求客户以应收票据的形式提前支付款项。对于新能源车的整车销售,比亚迪公司提供给主要客户的信用期通常为 30 天至 360 天,或为客户提供 1 至 2 年的分期付款方式。对于除上述产品以外的销售,比亚迪公司的应收账款信用期通常为 30 天,主要客户可以延长至 90 天。应收账款不计利息。

比亚迪公司采用 SAP 系统进行账务处理,客户的档案,包括公司名称、地址、电话、传真、业务联系人、财务部电话等一般资料以及客户的信用额度、付款方式、账期等信用信息都会在系统中进行维护。当某一客户的应收账款总额超过了信用额度或是超过了信用账期时，系统会自动锁定此客户，限制对其的出货。销售部门若要出货，则必须向财务人员请示，并让相关财务会计在解锁申请书中填入客户相关信用信息，最后让相关负责人根据信息判断是否能解锁出货。

财务部应收账款负责人每月需与业务员对账，定时向客户发对账单，半年或一年与客户核对并制作应收账款询证书、余额调节表保留存档。跟单业务员应积极配合，对于对账过程中有特殊原因需要调账的，业务员必须在一周内写出书面说明报公司领导审批，否则按对账不符造成的差额执行扣款。应收会计应了解每个客户的动态信息，随时查看客户的信用状态，看是否有超账期、超额度的客户并即时通知业务追账。

每个月公司各个事业部都会对客户进行账龄分析，总公司会做出汇总的账龄分析表，根据账龄分析情况分析公司应收账款情况，根据账龄长短制定解决办法，并据此做出相应的收款计划。此外，还会要求各事业部做出销售与回款比重分析表（见表 7.13），以此来掌握客户回款的情况，便于及时发现问题，减少损失。

表 7.13　　销售与回款比重分析表

月　份	客户名称	销售金额	回款金额	回款率
1				
2				
3				
4				
5				
合计				

【实训任务一】

1. 请评价比亚迪公司的应收账款的管理。

2. 你认为比亚迪公司的应收账款管理还有哪些可以改进的地方？

【实训资料二】

武汉电信的“3+1”信用管理模式

武汉电信用户欠费问题较为突出，成为困扰企业发展的一大难题。作为公司主要的费用回收部门，账务信息中心积极参考国内外先进公司的管理经验，发现武汉电信与欧美实施信用管理的一流公司差距较大。以坏账率为例，欧美信用管理一流的公司坏账率一般在0.25%～0.5%；而武汉电信2×01年和2×02年的数据分别为1.6%和1.25%。

分析原因，欧美公司采用的信用管理模式为3+1，即前期、中期、后期信用管理加组织管理；而武汉电信采用的则只有前期信用管理。进一步分析，他们还发现，用户坏账类型中属于信用管理中期失控的占22.7%；后期失控的占68.2%；中、后期失控占90.9%。也就是说，坏账完全属于管理失控，建立前、中、后的全程信用管理模式成为当务之急。

账务信息中心首先明确了建立全程信用管理模式的基本思路，认为全程信用管理模式应强调对与收账相关的各项业务，按照流程化的管理方式进行全过程、系统化规划管理。尤其应针对企业部门职能分割过细和职责不清等问题作出全新的解决方案。其次，全程信用管理模式应按照企业内部控制的基本原理和方法对企业采用科学的制度化管理，从而减少企业在业务决策中的风险损失。同时，还应该通过增加独立的信用组织管理职能，客观、专业化地解决欠费增长与控制风险损失的矛盾，最终建立一个理性的收账管理模式。

通过对近5万户欠费客户的有效调查和分析，中心认为，建立有电信特色的3+1信用管理模式，按照现代信用公司和国际超一流公司的运营机制对欠费用户进行管理，可使欠费平均降低1%～1.5%，直至实现零坏账的目标。

在构建全程信用管理模式中，中心认为首先要从企业的经营管理体制入手解决信用风险问题。中心组成由领导、部室主任和员工组成的项目组，以项目管理方式开始建立信用信息、信用管理和商账管理三大管理体系。在组织架构上，专设了信用及收账管理部，下设信用管理组、信用期收账组、逾期收账组、危机处理组。借鉴国外的先进管理经验，充分结合武汉电信实际，中心按照过程控制和系统分析的原理为企业制订了三个方面的信用管理制度。

通过信用调查等流程，中心实施了资金回收预算报告、信用调查、信用申报、债务确认、月欠费报告、资金回收分析报告等一系列措施，建立目标客户资料库，并根据实时的风险报告和催欠效果评价对目标客户资料库进行更新，从而进一步规范了客户信息资料管理和对客户信用的掌握分析。同时对客户拖欠话费收回的可能性进行客观分析判断，使欠费催收工作从经验型管理向分析型管理转变。

对乙种用户，账务信息中心从账龄、欠费金额、欠费结构、缴费方式等各个角度进行统计分析，同时对武汉九大城区的欠费情况及收费室辖区每月欠费情况进行统计分析，综合归类撰写分析报告，掌握了欠费的规律与特征。中心制订了电话提醒流程、电话催欠流程、市话与数据非话业务的欠费管理规定、大客户服务及历史欠费管理模式等。

实践证明，电信企业必须建立与客户直接的信用关系，实施直接管理，改变单纯依赖于收费和营业人员“间接管理”的状况。信息中心首先调用客户信息，根据不同的信用等级和风险等级实施不同的收账策略，同时引入风险意识和预算控制模式，强化对欠费的宏观控制。信用经理通过客户信用风险分析下达月度客户欠费催收预算，实行派工单制，并按预算执行进行考核。

此外，中心积极探索客户支付能力规律，慎重对待每一步追账措施，以市场经济手段管理欠费。基于网龄、业务和消费积累等客户价值，制订终身享受优惠开办或试用新业务、赠送话务量等“营销型信用政策”，提高客户边际收益，引导客户成为忠实客户。

中心制订客户信用风险申报及诊断处理流程，收账管理小组对高风险和疑难欠费实施三级管理；遇到客户风险时，采取风险预警和时时、层层上报制，在首责任人充分了解、调查、详细记录客户信用的情况下，由主管、经理等参与分析，及时对下属的问题给予指导和协助。同时，中心还加强资金回收分析，及时归纳和整理收费经验。中心员工利用业余时间，根据自己欠费催收的经验，通过总结欠费催收技巧和方法，自行整理了《经典案例集》，并利用每周一的晨会等机会进行讲评，找出最佳欠费催收途径，使大家都能掌握催收方法，提高收费效率。

目前，员工之间个人回收率指标差距由原来的3.38%缩小到0.17%；最好的员工回收率达到100%。截至2×03年10月份，武汉电信月均欠费由10万元下降至0.86万元，月均资金回收率达99.97%，将近十万用户的坏账率降至0.03%。两年来，武汉电信累计减少欠费780万元，远远低于世界一流信用管理公司0.5%的坏账率。

【实训任务二】

1. 试评价武汉电信信用管理政策成功之处。

2. 本案例对你在应收账款管理方面有何借鉴意义？

（三）存货管理情况调研模板

学生自行联系一家公司，并获取其存货管理相关资料。具体可参考以下调研报告模板（见表7.14）。

表 7.14　　存货管理情况调研报告

________公司存货管理情况调研报告

一、企业基本情况

二、存货管理基本情况

1. 存货总体规模(存货总体金额、类别、存货成本组成)

2. 存货管理制度

(1)存货管理人员配备

(2)存货出入库制度

(3)存货采购方式与经济批量

(4)存货日常管理情况

三、存货管理评价与建议

1. 问题

2. 建议

调研组成员签名:

项目八 利润分配管理实训

一、实训目的及要求

(一)实训目的

熟悉利润分配程序、股利支付形式及程序,理解不同股利理论指导下的不同股利分配政策的利与弊,掌握不同股利分配政策的运用。

(二)实训要求

通过股利分配政策的实训案例分析,引导学生结合企业的实际情况选择合适的股利分配政策,确定具体的利润分配方案。

本项目的实训要求与职业能力目标如表 8.1 所示。

表 8.1 **实训要求与职业能力目标**

实训项目	实训要求	职业能力目标
股利分配政策实训	1. 熟悉股利支付形式与程序 2. 掌握股利政策的类型 3. 分析企业选择股利政策的动机	1. 理解能力 2. 计算分析能力 3. 决策判断能力、
股票股利与股票分割实训	1. 掌握股票股利、股票分割的概念及区别 2. 能够进行股票股利及股票分割相关决策	1. 理解能力 2. 计算分析能力 3. 决策判断能力

二、实训知识要点回顾

(一)利润分配程序及股利支付形式

1. 利润分配程序

(1)弥补以前年度亏损

(2)提取法定公积金

(3)提取任意公积金

(4)向股东分配股利

2. 股利支付形式与程序

(1)股利支付的形式

理论上的股利支付形式有四种,见表 8.2,但我国法律规定,股份有限公司只能采用现金股利和股票股利两种形式。

表 8.2　　股利支付形式

形　式	说　明
现金股利	以现金支付的股利,是股利支付最常见的方式
股票股利	公司以增发股票的方式所支付的股利
财产股利	以现金以外的其他资产支付的股利,主要是以公司所拥有的其他公司的有价证券,如债券、股票等,作为股利支付给股东
负债股利	以负债方式支付的股利,通常以公司的应付票据支付给股东,有时也以发放公司债券的方式支付股利

(2)股利支付的程序

股利支付的程序如表 8.3 所示。

表 8.3　　股利支付程序

程　序	说　明
股利宣告日	股东大会决议通过并由董事会将股利支付情况予以公告的日期
股权登记日	即有权领取本期股利的股东资格登记截止日期,在这一天之后取得股票的股东则无权领取本次分派的股利
除息日	即领取股利的权利与股票分离的日期,除息日一般为股权登记日的下一个工作日
股利发放日	公司向股权登记日在册的股东实际支付股利的日期

(二)股利理论

股利理论如表 8.4 所示。

表 8.4　股利理论

股利无关理论	公司的股利政策不会对公司价值产生任何影响。 假设前提： 1. 假设存在完全资本市场 2. 假设公司的投资决策不受股利政策影响	
股利相关理论	“一鸟在手”理论	相对于资本利得，投资者更偏好现金股利。当公司支付较高股利时，促使公司价值和股票价格上升
	信号传递理论	在信息不对称的情况下，公司可以通过股利政策向市场传递有关公司未来获利能力的信息，从而会影响公司的股价
	税收差别理论	由于普遍存在的税率以及纳税时间的差异，资本利得收入比股利收入更有助于实现收益最大化目标，公司应当采用低股利政策
	代理理论	高水平的股利政策降低了企业的代理成本，但同时增加了外部融资成本，理想的股利政策应当使两种成本之和最小

(三)股利政策评价指标

股利政策评价指标主要为股利支付率和股利报酬率，见表 8.5。

表 8.5　股利政策评价指标

分　类	计算公式	指标含义
股利支付率	$P_d=\frac{D}{E}$或$P_d=\frac{DPS}{EPS}$	反映净利润用于分派股东红利的比例
股利报酬率	$K_d=\frac{DPS}{P_0}$	反映投资者进行股票投资取得的红利收益

1. 股利政策的类型

主要分为剩余股利政策(见表 8.6)、固定股利政策(见表 8.7)、固定股利支付率政策(见表 8.8)和低正常股利加额外股利政策(见表 8.9)。

表 8.6　剩余股利政策

内　容	指公司在有良好的投资机会时，根据目标资本结构，测算出投资所需的权益资本额，先从盈余中留用，然后将剩余的盈余作为股利来分配
理论依据	股利无关理论
优点	有助于降低再投资的资金成本，保持最佳的资本结构，实现企业价值的长期最大化
缺点	往往导致各期股利忽高忽低，不利于投资者安排收入与支出，也不利于公司树立良好的形象
适用范围	一般适用于公司初创阶段

表 8.7　　固定股利政策

内　容	指公司将每年派发的股利额固定在某一特定水平
理论依据	股利相关理论
优　点	有利于树立公司的良好形象，增强投资者对公司的信心，稳定公司股票价格；有利于投资者安排收入与支出
缺　点	股利的支付与企业的盈利相脱节，可能导致企业资金紧缺，财务状况恶化
适用范围	通常适用于经营比较稳定

表 8.8　　固定股利支付率政策

内　容	指公司从每年净利润中按固定的股利支付率发放现金股利
理论依据	股利相关理论
优　点	股利的支付与公司盈余紧密地配合，不会给公司造成较大的财务负担
缺　点	由收益不稳导致股利的波动所传递的信息，容易成为公司的不利因素；合适的固定股利支付率的确定难度大
适用范围	适用于那些处于稳定发展并且财务状况也比较稳定的公司

表 8.9　　低正常股利加额外股利政策

内　容	指公司事先设定一个较低的正常股利额，每年除了按正常股利额向股东发放股利外，还在公司盈余较多、资金较为充裕的年度向股东发放额外股利
理论依据	股利相关理论
优　点	赋予公司较大的灵活性，既不会给公司造成较大财务压力，又能保证股东定期得到一笔固定收入，且当公司盈利较多时，还有额外的股利
缺　点	当公司在较长时间持续发放额外股利后，可能会被股东误认为“正常股利”，一旦取消，传递出的信号可能会使股东认为这是公司财务状态恶化的表现，进而导致股价下跌
适用范围	对那些盈利随着经济周期而波动较大的公司或者盈利与现金流量很不稳定时，低正常股利加额外股利政策也许是一种不错的选择

（三）股票分割与股票回购

1. 股票分割

(1)含义

股票分割又称拆股，即将一股股票拆分成多股股票的行为。

(2)动机

①通过股票分割使股票价格降低。

②通过股票分割向投资者传递公司信息。

(3)股票分割与股票股利的比较

股票分割不影响所有者权益的总额和结构，股票股利影响所有者权益的结构但不影响所有者权益总额，具体比较见表8.10。

表8.10　股票分割与股票股利的比较

内　容	股票股利	股票分割
不同点	面值不变 股东权益结构变化（股本增加、未分配利润减少） 属于股利支付方式	面值变小 股东权益结构不变 不属于股利支付方式
相同点	普通股股数增加 每股收益和每股市价下降 资产总额、负债总额、股东权益总额不变 向市场和投资者传递“公司发展前景良好”的信号	

2. 股票回购

(1)含义

股票回购是指上市公司出资将其发行在外的普通股以一定价格购买回来予以注销或作为库存股的一种资本运作方式。

(2)动机

向市场传递估价被低估的信号；为股东合理避税；减少公司自由现金流量；可被视为是一种反收购策略。

(3)方式

股票回购的方式如表8.11所示。

表8.11　股票回购方式

分　类	含　义
公开市场回购	指公司在公开交易市场上以当前市价回购股票
要约回购	指公司在特定期间向股东发出的以高出当前市价的某一价格回购既定数量股票的要约
协议回购	指公司以协议价格直接向一个或几个主要股东回购股票
转换回购	指公司用债券或者优先股代替现金回购普通股的方式

2. 股票回购与股票分割及股票股利的比较

股票回购与股票分割及股票股利比较如表8.12所示。

表8.12　股票回购、股票分割、股票股利比较

内　容	股票回购	股票分割及股票股利
股票数量	减少	增加
每股市价	提高	降低

续表

内　容	股票回购	股票分割及股票股利
每股收益	提高	降低
资本结构	改变，提高财务杠杆水平	不影响
控制权	巩固既定控制权或转移公司控制权	不影响

三、股利分配政策实训

【实训资料一】

楚天股份有限公司成立于2×19年1月1日，2×19年度实现的净利润为800万元，分配现金股利300万元，提取盈余公积280万元(所提盈余公积均已指定用途)。2×20年实现的净利润为700万元(不计提盈余公积)。

2×21年计划增加投资，所需资金为600万元。假定公司目标资本结构为自有资金占40%，债务资金占60%。

【实训任务一】

1. 在保持目标资本结构的前提下，计算2×21年投资方案所需的自有资金额和需要从外部借入的资金额。

2. 在保持目标资本结构的前提下，如公司执行剩余股利政策，计算2×20年应分配的现金股利。

3. 在不考虑目标资本结构的前提下，如果公司执行固定股利政策，计算2×20年应分配的现金股利、可用于2×21年投资的留存收益和需额外筹集的资金额。

4. 在不考虑目标资本结构的前提下，如果公司执行固定股利支付率政策，计算该公司的股利支付率和2×20年应分配的现金股利。

5. 假定公司2×21年面临着从外部筹资的困难，只能从内部筹资，不考虑目标资本结构，计算在此情况下2×20年应分配的现金股利。

【实训资料二】

蓝天公司为一家稳定成长的上市公司，2×20年公司实现净利润7000万元。公司上市三年来一直执行稳定增长的现金股利政策，2×19年每股派发0.3元的现金股利，年增长率为6%，吸引了一批稳健的战略性机构投资者。公司投资者中个人投资者持股比例占65%。

2×21年计划新增一投资项目，需要资金7 000万元。公司目标资产负债率为50%。由于公司良好的财务状况和成长能力，公司与多家银行保持着良好的合作关系。公司2×20年12月31日资产负债表有关数据如表8.13所示。

表8.13　　**蓝天公司资产负债表有关数据**　　单位：万元

货币资金	13 000
负债	18 000
股本（面值1元，发行在外10 000万股普通股）	10 000
资本公积	7 000
盈余公积	4 000
未分配利润	9 000
股东权益总额	30 000

2×21年3月15日公司召开董事会会议，讨论了甲、乙、丙三位董事提出的2×20年度股利分配方案：

1. 甲董事认为考虑到公司的投资机会，应当停止执行稳定增长的现金股利政策，将净利润全部留存，不分配股利，以满足投资需要。

2. 乙董事认为既然公司有好的投资项目，有较大的现金需求，应当改变之前的股利政策，采用每10股送5股的股票股利分配政策。

3. 丙董事认为应当维持原来的股利分配政策，因为公司的战略性机构投资者主要是保险公司，他们要求固定的现金回报，且当前资本市场效率较高，不会由于发放股票股利使股价上涨。

【实训任务二】

1. 计算维持稳定增长的股利分配政策下，公司 2×20 年度应当分配的现金股利总额。

2. 分别站在企业和投资者的角度，比较分析甲、乙、丙三位董事提出的股利分配方案的利弊，并指出最佳股利分配方案。

四、股票股利与股票分割实训

【实训资料】

大华股份有限公司预计进行 2×20 年的利润分配，本年净利润为 50 万元，每股市价为 22 元。利润分配前的股东权益结构如表 8.14 所示。

表 8.14 **股东权益数据** 单位：万元

股本（面值 2 元，发行 25 万股）	50
资本公积	15
未分配利润	180
股东权益合计	245

【实训任务】

1. 若考虑按面值发放 10% 的股票股利，即现有股东每持有 10 股即可获赠 1 股普通股。发放股票股利后，股东权益有何变化？每股净资产是多少？

2. 若公司按照 1∶2 的比例进行股票分割。股票分割后，股东权益有何变化？每股收益是多少？每股净资产是多少？

五、利润分配管理综合实训

【实训资料】

苏宁云商股利政策选择

苏宁云商原名为苏宁电器。2013 年 2 月 19 日晚间苏宁电器在深交所发布公告称，拟将公司中文名称变更为“苏宁云商集团股份有限公司”，同时拟将公司英文名称由原“SUNING APPLIANCE CO.，LTD.”变更为“SUNING COMMERCE GROUP CO.，LTD.”。

回顾苏宁云商的发展，大致经历了以下四个重要的时间节点。

第一个重要的时间节点是苏宁电器公司的创立。1990 年 12 月 26 日张近东和张桂平兄弟两人以 10 万元资金在南京创办苏宁电器，率先在业界建立起营销商“送配、安装、维修”一体化服务体系。

第二个重要的时间节点是苏宁电器由区域性的空调营销转型为全国性的综合电器连锁经营。经过一年多的经营，苏宁电器已经形成初步的产品和服务优势，成为春兰空调全国销售第一大户。1992 年苏宁电器不失时机地从单一的空调服务全面转向综合电器业务，并将其业务推向全国，率先开创了全国性跨区域的家电连锁经营。

第三个重要的时间节点是苏宁电器上市融资。苏宁电器从 1999 年开始酝酿上市，最终于 2004 年 7 月 21 日在深圳证券交易所中小企业板块挂牌上市。通过上市融资，苏宁电器获得了充沛的资金支撑，并且快速提升了公司商誉，为苏宁电器实现全国性跨区域的家电连锁经营战略插上了腾飞的翅膀。由此苏宁电器进入到一个以几何级数增长的快速成长阶段，成为中国数一数二的综合电器连锁经营商。经历了令人炫目的快速成长之后，苏宁电器逐步迈入成熟阶段，其市场开拓和经营利润呈现出增长乏力的疲态。

第四个重要的时间节点就是 2013 年以更名为苏宁云商为标志的再度转型。这是苏宁云商进行机制创新的大胆尝试，试图通过对经营理念的更新和经营业务的调整，迎接时代进步对于现代商业模式的挑战，以重振公司发展雄风，再现往日辉煌。

随着企业盈利持续增长，苏宁云商的股价一路走高，给苏宁云商选择股票股利政策创造了条件。苏宁云商上市以来的股利政策选择及其股利分配情况如表 8.15 所示。

表 8.15　　苏宁云商股利政策选择及其股利分配情况表

股权登记日	实施方案内容
2005 年 6 月 2 日	10 转增 10 股派 1 元
2005 年 10 月 14 日	10 转增 8 股
2006 年 9 月 20 日	10 转增 10 股
2007 年 4 月 5 日	10 转增 10 股
2008 年 3 月 27 日	10 派 2 元
2008 年 9 月 25 日	10 转增 10 股派 1 元
2009 年 4 月 9 日	10 送 2 转增 3 股派 0.3 元
2010 年 4 月 15 日	10 转增 5 股派 0.5 元
2011 年 5 月 19 日	10 派 1 元
2012 年 5 月 30 日	10 派 1.5 元
2013 年 5 月 23 日	10 派 0.5 元

【实训任务】

1. 根据上述案例资料，分析苏宁云商采用的是哪种股利政策？

2. 根据上述案例资料，分析苏宁云商股利政策的主要影响因素有哪些？

3. 请评价不同股利政策带来的不同影响。

项目九　财务管理拓展案例实训

一、实训目的及要求

(一)实训目的

通过本项目实训,通过近年来典型的财务管理实务案例分析,拓展学生对财务管理实务的认知,引导学生掌握财务管理案例分析方法。

(二)实训要求

通过各类实训案例分析,引导学生进行综合案例分析,能够进行相应职业判断,加强学生的理解、分析和综合判断能力。

本项目的实训要求与职业能力目标如表 9.1 所示。

表 9.1　实训要求与职业能力目标

实训项目	实训要求	职业能力目标
财务人职业素养案例 ——拼多多 CFO 招聘要求	1. 阅读案例 2. 能够进行相关职业素养要素的归纳与总结	1. 理解能力 2. 分析能力
携程公司财务分析案例 ——基于哈佛分析框架	1. 阅读案例 2. 初步掌握哈佛分析框架的基本内容	1. 理解能力 2. 分析能力 3. 职业判断能力
苏宁易购 收购家乐福案例	1. 阅读案例 2. 掌握股权收购的基本内容	1. 理解能力 2. 分析能力
宝钢与武钢并购案例	1. 阅读案例 2. 掌握换股并购的基本内容	1. 理解能力 2. 分析能力
海航终止收购当当网案例	1. 阅读案例 2. 掌握企业估值的基本内容	1. 理解能力 2. 分析能力

二、财务人职业素养案例——拼多多 CFO 招聘要求

【实训资料】

2018 年，拼多多成功上市引起了全社会的瞩目。拼多多可谓是电商界的一匹黑马，以团购的形式，低廉的价格，吸引了无数三四五六七八线小城市、城乡接合部以及偏远农村的消费群体。

拼多多此次上市共发行 8 560 万股美国存托股票（ADS），上市发行价为 19 美元，融资 18.7 亿美元。上市首日，收盘价为 26.8 美元，较发行价涨 40.53%，总市值达 295.78 亿美元。从 2015 年 9 月上线到登陆纳斯达克用时 2 年 11 个月，刷新了中国互联网企业迄今最快上市纪录。

公司上市中，财务总监（CFO）举足轻重，拼多多对 CFO 招聘要求如下：

1. 985 或 211 重点大学，财务、经济、审计、金融等相关专业硕士及以上学历；

2. 大型互联网公司 10 年以上财务工作经验，具有全面的财务会计、企业管理、统计、审计、税务、投资、法律等领域知识及丰富的财务管理经验；

3. 抗压能力强，具备独立发现、解决问题和提供决策支持的能力；

4. 具有较强的组织、沟通、协调能力和良好的表达能力；

5. 获得 CPA 和 CMA 认证证书的优先考虑。

【实训任务】

如何看待拼多多对 CFO 的招聘要求？你认为财务人应具有哪些职业素养？

三、携程公司财务分析案例——基于哈佛分析框架[①]

【实训资料】

哈佛分析框架分析法是从战略视角来分析一个企业的财务状况，不仅关注企业的财务指标，还关注非财务指标对企业的影响，即企业外部环境存在的威胁和机会，企业内部的不足和优势；从整体上来看，哈佛分析框架以逻辑分析为主线，以点带面，形成框架，最终把握企业未来的发展方向；从内容上来看，主要从战略分析、财务分析、前景分析三个方面对公司进行财务报表分析，运用了战略分析和财务分析的主要方法，最终形成财务报表的分析框架。

以携程国际有限公司为例，运用哈佛分析框架对携程进行全新的财务分析。

（一）携程公司背景

携程公司创立于 1999 年，是一家领先的在线票务服务公司，向其会员提供集酒店预订、机

① 本案例改编自陈胤江．基于哈佛分析框架对携程的财务报表分析[J]．商业会计，2014(19)：83－85。

票预订、度假预订、商旅管理、特惠商户及旅游资讯在内的全方位旅行服务，是我国最大的在线旅游公司。

（二）战略分析

1. 行业分析

携程的主营业务包括酒店预订、票务服务、打包游、商务旅行和其他五部分，这些业务均可通过在线的形式完成，由此可见，携程完全属于在线旅游行业。

（1）现有企业间的竞争。主要分析行业增长率、行业集中度、产品独特性和转换成本。

（2）新进入者威胁。主要分析规模经济、原有品牌优势和分销渠道。

（3）替代品威胁。在互联网的趋势下，在线旅游是引领旅游行业发展的风向标，是对传统旅游行业的重塑，所以，就目前形势还不存在替代品的威胁。

（4）买方议价能力。在线旅游行业竞争激烈，各大公司以降价促销、活动优惠的形式来争夺市场份额，由此可以看出，目前买方具有较强的议价能力。

（5）卖方议价能力。在线旅游市场上游供应商主要有航空公司、酒店和景区，这些供应商具有资源优势，集中度较高，话语权强，卖方议价能力逐渐提高。

2. 竞争优势分析

（1）市场份额。携程在 OTA 市场的占有率高达 49%，其次艺龙市场份额为 9%，龙头地位仍然比较稳固。

（2）业务优势。携程主营业务中机票覆盖 100 多个境外旅游目的地数千条不同种类、行程的旅游线路，酒店覆盖 172 个国家超过 28 万家国内外酒店。

（3）盈利优势。在 OTA 市场，携程是目前我国唯一盈利的公司，从 2015 年营业收入来看，携程是市场份额第二艺龙的 5 倍多，市场地位及盈利优势凸显。

（三）财务分析

将艺龙作为对比公司，从盈利质量、资产质量和现金流量三个方面对携程进行财务分析。

1. 盈利质量

携程在 2013、2014、2015 年营业收入分别为 37.26 亿元、44.09 亿元、57.17 亿元，而同期艺龙营业收入分别为 6.25 亿元、7.97 亿元、10.79 亿元。可见，携程的总营业收入远远高于艺龙，并保持续增长态势。

携程近三年净利润波动较大，2013 年公司净利润出现大幅度下降，主要因同行业公司发起了大规模的广告宣传和促销活动。

携程的毛利率呈下降趋势，受行业内竞争激烈影响，而且上游供应商通过直接方式加入竞争以及近年垂直搜索、资讯点评模式的公司分流 OTA 市场份额，艺龙随着市场份额的提升，交易规模的增加，毛利率呈上升趋势，逐步逼近携程。

2. 资产质量

携程和艺龙的资产结构中固定资产占总资产的比例均不高，但携程固定资产量比艺龙要大，主要是由企业规模、营业规模所决定。从资产结构来看两者属于典型的知识、技术型公司，选择退出竞争的门槛较低且面临的经营风险较小。

3. 现金流量

2015 年携程经营活动中的现金流量净额远高于艺龙，说明携程公司核心竞争力的主营业务能够独立地创造企业生存和发展的现金流量，即“造血功能”较强。携程的自由现金流非常充裕，不存在付息问题，而且 2015 年携程的自由现金流扣除利息费用和负债总额后还有剩余。然而，艺龙的自由现金流逐年下降，虽然不存在利息费用支付问题，但每年的负债总额会使得艺龙在现金流方面捉襟见肘。

（四）前景分析

随着我国经济逐步增长，人们生活水平逐渐提高，对国内国外旅游需求加大，使得近几年我国旅游行业的高速增长，再加上互联网技术的不断进步，未来我国在线旅游市场的发展空间巨大。面对同行业的激烈竞争，携程以其丰富的原始积累和核心的资源优势进行了战略整合。首先，携程依靠高效的呼叫中心、PC 端、移动端三个平台为消费者提供服务，依托互联网优势，持续地扩大市场份额和巩固市场地位；其次，加强了产业链整合，即加大对上游酒店供应商、景区门票业务、租车业务、旅行社、度假公寓预订等投资，从而扩展产品线，形成一站式运营能力；最后，进行战略联盟，携程加大了对同行业公司的投资，来抵御外部的竞争和挑战，形成强强联合。

【实训任务】

哈佛分析框架由哪些部分组成？根据上述分析资料，你如何看待携程公司未来发展前景？

四、苏宁收购家乐福案例

【实训资料】

2019 年年初，苏宁又宣布正式收购万达百货下属全部 37 家百货门店，构建线上线下到店到手全场景的百货零售业态。对于此次收购金额并未对外披露，有报道称不超过 80 亿元。

继大手笔收购万达百货之后，6 月 23 日，苏宁易购发布公告称，公司全资子公司苏宁国际拟出资 48 亿元收购家乐福中国 80%股份。本次交易完成后，苏宁易购将成为家乐福中国控股股东，家乐福集团持股比例降至 20%。

苏宁易购表示，通过收购家乐福中国能够完善全场景业态布局，快速获取优质线下场景资源和一二线优质物业；探索苏宁家电家居、苏宁红孩子、苏宁极物和苏宁金融等业态与商超业态相融合，进一步补足苏宁大快消品类的物流仓储能力和配送能力。

对外投资是苏宁战略布局的重要一棋，近两年来苏宁一直加大线下渠道的布局，对其零售业务进行补充。有分析人士认为，苏宁在场景互联方面有较大优势，拿下家乐福中国，能够促进其全场景、全品类发展，弥补其在快消领域场景的短板。而从行业来看，腾讯、阿里和苏宁都在布局大快消，零售市场或迎来新一轮的赛跑和洗牌。除线下渠道发起进攻外，苏宁投资也围绕产业链和多元化战略投资。根据万得(Wind)数据统计，过去三年苏宁并购案例超过 10 起，2019 年又出手控股家乐福中国和收购万达百货 37 家门店，过去三年战略投资金额已超 500 亿元。

苏宁过去两年战略投资大事件如表 9.2 所示。

表 9.2　　苏宁过去两年战略投资大事件

时　间	项　目	金　额
2019 年 6 月	现金收购家乐福 80%股份	48 亿元
2019 年 2 月	万达百货 37 家门店	不超过 80 亿元
2019 年 1 月	设立 Yunfeng IK Co-invest，L. P 基金，参与爱康国宾私有化	5 000 万美元
2018 年 12 月	苏宁金服增资扩股，苏宁金控持股 45.88%为其第一大股东	82.3 亿元
2018 年 9 月	出资购买之江新业 4%股权	20 亿元
2018 年 6 月	与恒大地产共设深圳恒宁商业(持股 49%)	98 亿元
2018 年 3 月	参与中国联通混改，认购 6 亿股 A 股股份	40 亿元
2018 年 3 月	认购 TCL 控股 25%股份	15 亿元
2018 年 1 月	持股大连万达商业 4.02%股权	95 亿元

根据家乐福集团提供的未经审计的管理会计报表，家乐福中国连续两年资产总额和营收双降，2018 年营收为 299.58 亿元，净利润亏损 4.12 亿元。此次收购家乐福也面临业绩和商誉减值等风险，家乐福中国账面净资产为负。

家乐福中国于 1995 年正式进入中国大陆市场，目前在国内开设有 210 家大型综合超市以及 24 家便利店，覆盖 22 个省份及 51 个大中型城市，同时拥有约 3 000 万会员。

此次交易苏宁将以现金的方式支付。同时，苏宁将对家乐福中国提供股东贷款，用于运营资金方面的支持。具体金额视交割日家乐福中国公司净负债、运营资金的情况确定。苏宁将对家乐福门店进行全面的数字化改造，构筑线上线下融合的超市消费场景。

【实训任务】

股权收购可以采取哪些支付方式？你如何看待苏宁易购收购家乐福？

五、宝钢与武钢换股并购案例[①]

【实训资料】

宝钢在中国上海北翼长江之畔成立，被视为改革开放的产物。如今，从企业创立以来，已有近30年的历史。宝钢重点围绕钢铁供应、技术、资源利用等多方面展开大力发展，已成为中国现代化程度最高、最具竞争力的钢铁联合企业。

武钢是历经3年的投产建设并且完工的特大型钢铁联合企业。是我国中央和国务院国资委直管的国有重要骨干企业，是国家重点关注和培养的企业。目前武钢运营的三大主业是钢铁制造业、高新技术产业和国际贸易。除了钢铁行业这个主业，武钢还相继发展了城建、运输甚至还有燃气供应、地产等十几个产业。总体看来武钢拥有可观的发展前景，但是在复杂的经济背景下，中国的钢铁产能过剩，行业竞争异常激烈。

2016年9月18日，国务院国资委审核并且通过了宝钢与武钢的重组方案，计划9月初上报国务院，但当时相关事项需要高层审核。直至2016年12月1日上午，联合重组方案实施5个多月后，中国宝武钢铁集团(以下简称宝武钢铁)在上海总部揭牌成立，这象征着全球第二大中国第一大钢铁集团正式成立。

宝钢通过换股吸收合并的方式完成对武钢的控制。武钢股份与宝钢股份的换股比例为1:0.56，即每1股武钢股份的股份可以换取0.56股宝钢股份的股份。宝钢在此次的并购过程中向武钢股份全体股东发行股份的数量为5 652 516 701股，武钢现有的全部资产、负债、业务、人员、合同、资质及其他一切权利与义务由武钢有限承接与承继，自交割日起，武钢有限的100%股权由宝钢股份控制。

双方企业并购后，宝钢占总股本的52.10%，而武钢占有13.48%，其中，宝钢股份换股价格为4.60元/股，武钢股份换股价格为2.58元/股，两者通过股权置换的方式实施联合重组。根据我国目前的《企业改组改制中所得税业务问题暂行规定》，并购企业在对目标企业实施并购行为时，除了向目标企支付相应的现金、有价证券，如果支付的数额不高于其所需支付的股本账面价值的20%，则目标企业不需要确认全部资产的所得或者对应损失，同时也不缴纳企业应该承担的所得税。目标企业在并购之前的所得税事项在并购后由主并购企业承担，以前公司的年度亏损，如果未超过法定的弥补期限，可以由双方企业用以后的经营所得弥补。

【实训任务】

宝钢与武钢并购存在哪些财务风险？如何防范这些风险？

---

① 本案例改编自李依桐，赵雅玲．宝钢与武钢并购中的财务问题研究[J]．现代商贸工业，2018(14):109－110。

六、海航终止收购当当网案例

【实训资料】

2018年5月28日，海航科技收购当当重大资产重组说明会在上海证券交易所召开，宣布拟以换股＋定增的方式，作价75亿元人民币收购北京当当科文电子商务有限公司、北京当当网信息技术有限公司(下合称“当当网”)100%股权。

收购资金包括发行股份及支付现金两部分。其中，现金支付34.4亿元，同时以6.23元/股发行6.52亿股，共募资不超过40.6亿元。根据此前披露的收购预案，评估机构采用收益法评估结果作为预评估值，当当网的净资产账面价值仅为3 178.93万元，预估值则为75亿元，增值率高达234.92倍。

同年9月19日，海航科技宣布终止重组公告。至于具体原因，海航科技在公告中表示，目前资本市场等外部环境较预案披露时已发生较大变化，且公司未就合同的履行情况等事项与交易对方达成一致意见，继续推进本次重组面临较大的不确定因素。经公司董事会审慎考虑，现阶段继续推进本次重组的相关条件不够成熟，为切实保护上市公司和中小股东的利益，公司决定终止本次重组事项。

同时，当当通过官方微博发言，除了强调终止收购对经营没有影响，同样评价交易对方，“海航是令人尊重的集团，25年来驰骋蓝天、开疆拓土，但发展过程中目前存在流动性困扰”。言下之意，通俗而言是海航缺钱。

但按照重组计划，海航科技将用发行股票和向特定对象增发获取资金，完成此次资产重组。也就是说，海航科技并不直接支付现金。至于海航科技是否真缺钱，并不应该仅仅考虑重组交易是否支出真金白银，还需要看看实际资产负债率、运营情况和海航科技盈利情况。

截至2018年上半年，海航科技资产总计1 140亿元，负债总计965亿元，资产负债率高达84.61%。其中流动负债827亿元，货币资金67.5亿元。

海航科技2016年并购英迈国际时从银团获取40亿美元贷款，上半年偿还到期4亿美元，并提前归还本金5 000万美元，剩余贷款本金35.5亿美元。

2018年上半年，海航科技实现收入1 500亿元，主要收入来源是电子产品分销，还亏损83万元。海航科技将上半年财务亏损归因于报告期内，重要联营企业中合担保经营业绩下滑。2018年半年报数据显示，重要联营企业中合担保净利润期末余额1.6亿元，而期初余额为3亿元。海航科技2017年和2016年净利润分别为8.21亿元和3.22亿元。其间，经营活动现金流净额61.8亿元，投资活动现金流为1.8亿元；尽管借款收到现金为25.36亿元，融资得到31.83亿元，包括偿债113.57亿元，所以融资活动现金流出为－65亿元。所以除上述4.5亿美元债务外，海航科技还有大量其他债务缠身。

海航科技以资本市场出现巨大变化为理由，也是合理的。在海航科技停牌期间，资本市场变化很大，上证指数跌幅为24%。当当75亿元估值，对应A股高点时期，目前估值是否能被市场接受，也是未知数。

考虑到当当盈利水平在3亿～4亿元之间，如果不按照净资产增值率超过235倍来计算，按照市盈率测算，也将近 20 倍左右 PE。当前 A 股市值整体市盈率在 13 倍左右，当当估值似乎也不低。当前海航科技市盈率为 20.6 倍，与重组的当当市盈率基本相当，市净率为 1.29 倍。

【实训任务】

公司估值有哪些方法？如何评价海航终止收购当当网？

附录一　　财务管理实训报告模板

班级		层次		姓名		学号	
实训时间				实训地点			
实训项目							
实训内容							
实训小结							

附录二　　融资计划书模板

一、项目企业摘要

融资计划书摘要，是全部计划书的核心之所在。

＊投资安排

资金需求数额	（万元）	相应权益	

＊拟建企业基本情况

公司名称	
联系人	
电话	
传真	
E-mail	
地址	
项目名称	
您在寻找第几轮资金	□种子资本　□第一轮　□第二轮　□第三轮
企业的主营产业	

＊其他需要着重说明的情况或数据（可以与下文重复，本概要将作为项目摘要由投资人浏览）

二、业务描述

＊企业的宗旨（200 字左右）

＊主要发展战略目标和阶段目标

＊项目技术的独特性（请与同类技术比较）

介绍投入研究开发的人员和资金计划及所要实现的目标，主要包括：

1. 研究资金投入情况
2. 研发人员情况
3. 研发设备情况
4. 研发产品的技术先进性及发展趋势

三、产品与服务

＊创业者必须将自己的产品或服务创意作一介绍。主要有下列内容：

1. 产品的名称、特征及性能用途；介绍企业的产品或服务及对客户的价值
2. 产品的开发过程，同样的产品是否还没有在市场上出现？为什么？
3. 产品处于生命周期的哪一段？
4. 产品的市场前景和竞争力如何？
5. 产品的技术改进和更新换代计划及成本，利润的来源及持续营利的商业模式

＊生产经营计划。主要包括以下内容：

1. 新产品的生产经营计划：生产产品的原料如何采购，供应商的有关情况，劳动力和雇员的情况，生产资金的安排以及厂房、土地等
2. 公司的生产技术能力
3. 品质控制和质量改进能力
4. 将要购置的生产设备
5. 生产工艺流程
6. 生产产品的经济分析及生产过程

四、市场营销

＊介绍企业所针对的市场、营销战略、竞争环境、竞争优势与不足，主要产品的销售金额、增长率和产品或服务所拥有的核心技术拟投资的核心产品的总需求等

＊目标市场，应解决以下问题：

1. 你的细分市场是什么？
2. 你的目标顾客群是什么？
3. 你的5年生产计划、收入和利润是多少？
4. 你拥有多大的市场？你的目标市场份额为多大？
5. 你的营销策略是什么？

＊行业分析，应该回答以下问题：

1. 该行业发展程度如何？
2. 现在发展动态如何？
3. 该行业的总销售额有多少？总收入是多少？发展趋势怎样？
4. 经济发展对该行业的影响程度如何？
5. 政府是如何影响该行业的？
6. 是什么因素决定它的发展？
7. 竞争的本质是什么？你采取什么样的战略？
8. 进入该行业的障碍是什么？你将如何克服？

＊竞争分析，要回答如下问题：

1. 你的主要竞争对手有哪些?

2. 你的竞争对手所占的市场份额有多大?市场策略是什么?

3. 可能出现什么样的新发展?

4. 你的核心技术(包括专利技术拥有情况、相关技术使用情况)和产品研发的进展情况以及现实物质基础是什么?

5. 你的策略是什么?

6. 在竞争中你的发展、市场和地理位置的优势有哪些?

7. 你能否承受竞争所带来的压力?

8. 产品的价格、性能、质量在市场竞争中所具备的优势有哪些?

*市场营销,你的市场营销策略应该说明以下问题:

1. 营销机构和营销队伍

2. 营销渠道的选择和营销网络的建设

3. 广告策略和促销策略

4. 价格策略

5. 市场渗透与开拓计划

6. 市场营销中意外情况的应急对策

五、管理团队

*全面介绍公司管理团队情况,主要包括:

1. 公司的管理机构,主要股东、董事、关键的雇员、薪金、股票期权、劳工协议、奖惩制度及各部门的构成等情况都要以明晰的形式展示出来

2. 要展示你公司管理团队的战斗力和独特性及与众不同的凝聚力和团结战斗精神

*列出企业的关键人物(含创建者、董事、经理和主要雇员等)

关键人物之一

姓　名			
角　色			
专业职称			
任　务			
专　长			
主要经历			
时　间	单　位	职　务	业　绩

续表

所受教育			
时　间	学　　校	专　业	学　　历

*企业共有多少全职员工(填数字)

*企业共有多少兼职员工(填数字)

*尚未有合适人选的关键职位

*管理团队优势与不足之处

*人才战略与激励制度

*外部支持:公司聘请的法律顾问、投资顾问、会计师事务所等中介机构名称。

六、财务预测

*财务分析包括以下三方面的内容:

1. 过去三年的历史数据,今后三年的发展预测,主要提供过去三年现金流量表、资产负债表、损益表以及年度的财务总结报告书

2. 投资计划

(1)预计的风险投资数额

(2)风险企业未来的筹资资本结构如何安排

(3)获取风险投资的抵押、担保条件

(4)投资收益和再投资的安排

(5)风险投资者投资后双方股权的比例安排

(6)投资资金的收支安排及财务报告编制

(7)投资者介入公司经营管理的程度

3. 融资需求

创业所需要的资金额,团队出资情况,资金需求计划,为实现公司发展计划所需要的资金额,资金需求的时间性,资金用途(详细说明资金用途,并列表说明)。

融资方案:公司投资人及所占股份的说明,资金其他来源,如银行贷款等。

*完成研发所需投入

*达到盈亏平衡所需投入

*达到盈亏平衡的时间

项目实施的计划进度及相应的资金配置、进度表。

＊投资与收益

单位：万元

	第一年	第二年	第三年	第四年	第五年
年收入					
销售成本					
运营成本					
净收入					
实际投资					
资本支出					
年终现金余额					

＊简述本期风险投资的数额、退出策略、预计回报数额和时间表

七、资本结构

迄今为止有多少资金投入贵企业？	
您目前正在筹集多少资金？	
假如筹集成功，企业可持续经营多久？	
下一轮投资打算筹集多少？	
企业可以向投资人提供的权益有	□股权　□可转换债　□普通债权　□不确定

＊目前资本结构表

股东成分	已投入资金	股权比例

＊本期资金到位后的资本结构表

股东成分	投入资金	股权比例

＊请说明你们希望寻求什么样的投资者(包括投资者对行业的了解,资金上、管理上的支持程度等)

八、投资者退出方式

＊股票上市:依照本创业计划的分析,对公司上市的可能性做出分析,对上市的前提条件做出说明

＊股权转让:投资商可以通过股权转让的方式收回投资

＊股权回购:依照本创业计划的分析,公司实施股权回购计划应向投资者说明

＊利润分红:投资商可以通过公司利润分红达到收回投资的目的,按照本创业计划的分析,公司实施股权利润分红计划应向投资者说明

九、风险分析

＊企业面临的风险及对策

详细说明项目实施过程中可能遇到的风险,提出有效的风险控制和防范手段,包括技术风险、市场风险、管理风险、财务风险及其他不可预见的风险

十、其他说明

＊您认为企业成功的关键因素是什么

＊请说明为什么投资人应该投贵企业而不是别的企业

＊关于项目承担团队的主要负责人或公司总经理详细的个人简历及证明人

＊媒介关于产品的报道;公司产品的样品、图片及说明;有关公司及产品的其他资料

＊创业计划书内容真实性承诺

附录三　　投资计划书模板

项目名称：
申请人：
接洽地址：
电子邮件：
提交日期：

一、项目基本情况

项目名称：
启动时间：
注册资本：
项目进展：(申明自项目启动以来至目前的进展情况)
主要股东：(列表申明目前股东的名称、出资额、出资比例)
组织机构：(用图来表示)
主要业务：

盈利模式：(具体申明本项目的盈利模式)
未来3年的发展战略和谋划目标：(行业地位、销售收入、市场占有率、产品品牌等)

二、管理层

2.1 成立公司的董事会：(董事成员、姓名、职务等)

2.2 高管层简介：董事长、总经理、主要技术负责人、主要营销负责人、主要财政负责人(姓名、性别、学历、专业、职称、毕业院校，主要履历和业绩，主要申明在本行业内的管理经验和案例)

三、研究与开发

3.1 项目的技术可行性和成熟性阐发
3.1.1 项目的技术创新性阐述
(1)原理及关键技术内容
(2)技术创新点
3.1.2 项目成熟性和可靠性阐发
3.2 项目的开发成果及主要技术竞争对手

3.3 后续开发规划：(请申明为保证产品机能、产品升级换代和保持技术进步程度，项目的开发重点、正在或者未来3年内拟开发的新产品)

3.4 开发投入：(项目迄今在技术开发方面的资金总投入，规划再投入的资金，列表申明每

一年购置开发设备、员工开支以及与开发相关的其他开支)

3.5 技术资源和互助:(项目现存技术资源以及技术储备情况,是否具有技术开发依托和互助,如大专院校、科研院所等,如有请申明互助方式)

3.6 技术保密和激励措施:(请申明项目采纳哪些技术保密措施,怎样的激励机制,以确保项目技术文件的安全性和关键技术职员和技术团队的稳定性)

四、行业及市场

4.1 行业状况:(发展历史及现状,对产品利润、利润率的影响因素,进入该行业的技术壁垒、贸易壁垒、政策导向和限制等)

4.2 市场前景与预先预测:(全行业销售发展预先推测并注明资料来源或者依据)

4.3 目标市场:(请对于产品/服务所面向的主要用户品类进行具体申明)

4.4 主要竞争对手:(申明行业内主要竞争对手的情况,主要描述在主要销售市场中的竞争对手、所占市场份额、竞争优势和竞争劣势)

4.5 市场壁垒:(请申明市场销售有没有行业管束,公司产品进入市场的困难程度及对策)

4.6 SWOT 分析:(产品/服务与竞争者相比的优势与劣势,面对的机会与威胁)

五、营销策略

5.1 价格策略:(销售成本的构成,销售价格制定依据)

5.2 销售策略:(请申明在成立销售渠道、设立代理商、分销商和售后服务方面的计谋与实行办法)

5.3 激励机制:(申明成立一支杰出的销售团队,销售激励和约束机制)

六、产品生产

6.1 产品生产方式

6.2 生产职员配备及设施需求

七、财务计划

7.1 中小企业融资数量和权益:(资金来源和额度,以及各投资参与者在公司中所占比例)

7.2 资金用途和使用规划:(请列表申明中小企业融资规划,包括资金投入进度、效果和起止时间等)

7.3 投资回报:(申明中小企业融资后未来 3～5 年平均年投资回报率及相关依据)

7.4 财务预测:(请提供中小企业融资后未来 3 年项目预计资产负债表、利润表、现金流量表等)

八、风险及对策

8.1 主要风险:(请具体申明本项目实行历程中可能碰到的政策风险、开发风险、管理风

险、市场风险、生产风险、财务风险、汇率风险、对于项目关键职员依赖的风险等）

8.2 风险对策：（以上风险如存在，请申明控制和防范对策）

参考文献

1. 财政部会计资格评价中心．财务管理[M]．北京：中国财政经济出版社，2015

2. 荆新，王化成，刘俊彦．财务管理学(第六版)[M]．北京：中国人民大学出版社，2012

3. 隋静．财务管理学(第2次修订版)[M]．北京：清华大学出版社，北京交通大学出版社，2009

4. 杨冬云．财务管理案例教程[M]．北京：科学出版社，2012

5. 孔德兰，许辉．财务管理——原理、实务、案例、实训[M]．大连：东北财经大学出版社，2011

6. 吴伟容，王志亮．财务管理实训教程[M]．北京：经济科学出版社，2012

7. 傅丹，姜毅．财务管理实训教程[M]．大连：东北财经大学出版社，2011

8. 张春敏，刘世青．财务管理实训教程[M]．武汉：华中科技大学出版社，2007

9. 马云兴．企业财务管理实训[M]．北京：高等教育出版社，2011

10. 陈燕，王允平．财务管理实训[M]．北京：首都经济贸易大学出版社，2010

11. 陈玉菁，沙一心，何俊骏．财务管理实验及Excel应用指导[M]．北京：清华大学出版社，2012

12. 刘胜强，卢凯，程惠峰．雷曼兄弟破产对企业财务管理目标选择的启示[J]．财务与会计，2009(23)：18－19

13. 李曜，丛菲菲．产业竞争下的民企资本结构选择——兼以苏宁云商为例[J]．会计研究，2015(04)：47－54＋96

14. 陈胤江．基于哈佛分析框架对携程的财务报表分析[J]．商业会计，2014(19)：83－85

15. 李依桐，赵雅玲．宝钢与武钢并购中的财务问题研究[J]．现代商贸工业，2018(14)：109－110